全国無書店市町村マップ！無書店市町村が27.7％に

全国無書店市町村　ータを基に作成）

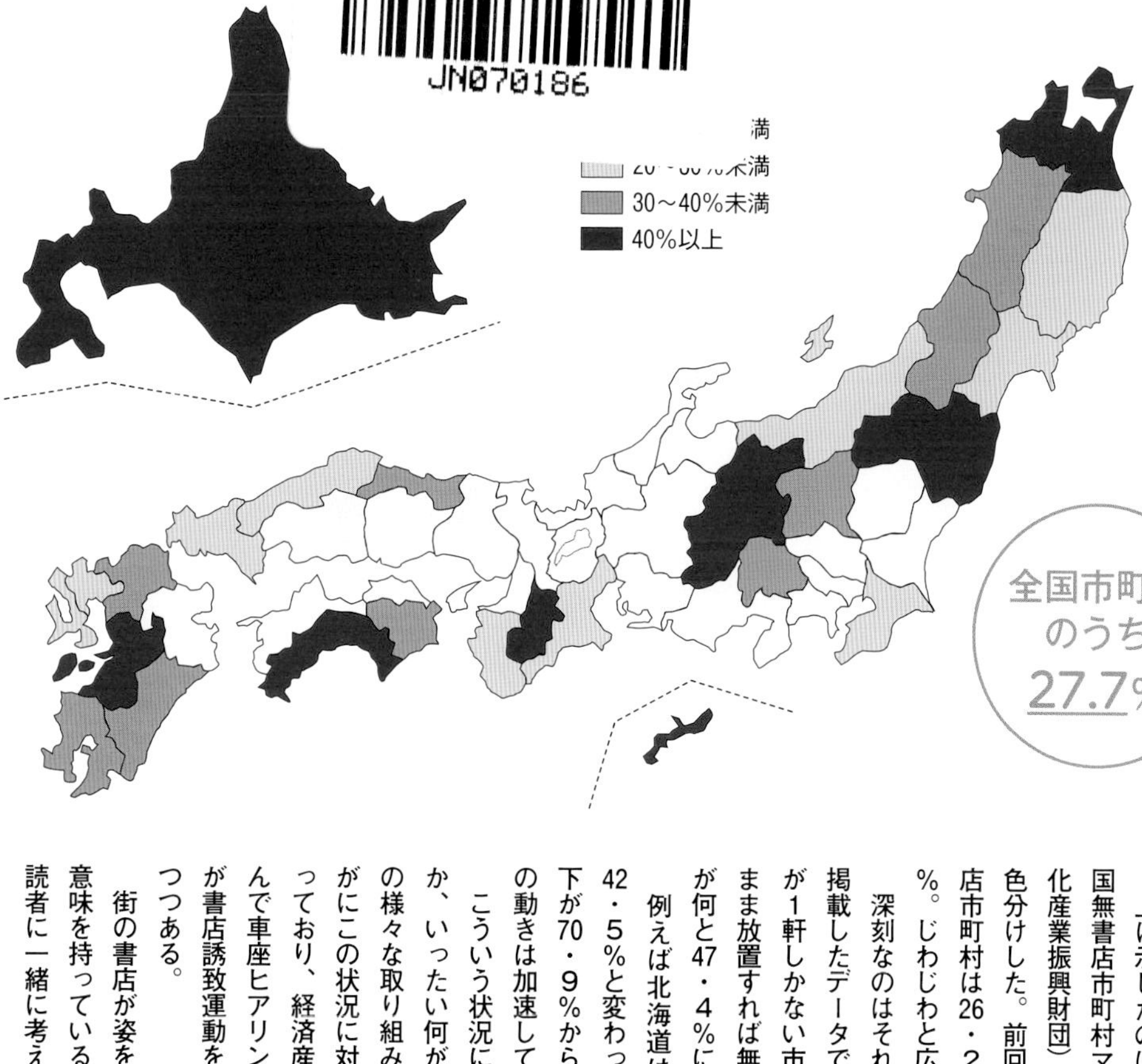

全国市町村のうち
27.7％

上に示したのは２０２４年3月時点の、全国無書店市町村マップだ。ＪＰＩＣ（出版文化産業振興財団）による調査データをもとに色分けした。前回、22年9月の調査では無書店市町村は26・2％だったが、今回は27・7％。じわじわと広がっていることがわかる。

深刻なのはそれだけではない。本文Ｐ29に掲載したデータでは、無書店ではないが書店が1軒しかない市町村も示されている。このまま放置すれば無書店になりかねない市町村が何と47・4％にのぼるのだ。

例えば北海道は前回と比べて無書店率は42・5％と変わっていないのだが、1書店以下が70・9％から72・1％に増加。無書店への動きは加速しているのだ。

こういう状況に対して、どうすればよいのか、いったい何ができるのか。本書では各地の様々な取り組みをレポートしている。さすがにこの状況に対する危機感は少しずつ広がっており、経済産業大臣が自ら書店に足を運んで車座ヒアリングを実施したり、地域住民が書店誘致運動を行うなど様々な動きが起きつつある。

街の書店が姿を消しつつあることはどんな意味を持っているのか、本書を読んで多くの読者に一緒に考えてほしい。

街の書店が消えてゆく

月刊『創』編集部編

巻頭グラビア

閉店告知から大逆転！ 書店の再出発と市民の思い……6

「BOOK MEETS NEXT」と「木曜日は本曜日」キャンペーン……8

経済産業大臣の車座ヒアリングと書店議連総会……9

八重洲ブックセンター、三省堂書店…大型書店の去就…10

紀伊國屋書店新宿本店大改装後のたたずまい……12

作家・今村翔吾さんのシェア型書店オープン！……13

クレヨンハウスの移転と独立系書店の数々……14

第1章 書店の苦境と打開への取り組み

減少が止まらない書店が生き残る道は？　石井和之　18
「BOOK MEETS NEXT」の取り組み　松木修一　24
東京都書店商業組合と「木曜日は本曜日」　小川頼之　30
書店を盛りあげるためにやれることはまだある　今村翔吾　34
車座ヒアリング、議連総会…書店支援の動き　篠田博之　42
〝怪物〟アマゾンの侵食とリアル書店の反撃　福嶋聡　48
書店とコミュニティ〜すべての書店は、地元の本屋である　福嶋聡　54
書店と図書館をめぐる経緯と読者の立場　清田義昭　60
相次ぐ建て替えなど大型書店の時代の区切り
——八重洲ブックセンター、三省堂書店、紀伊國屋書店　篠田博之　64

第2章

各地の街の書店を訪ねて

苦境の中で模索する街の書店の独自の取り組み　長岡義幸　74
閉店を惜しまれた3書店と東京の書店の「個性」　石橋毅史　82
地域密着の「往来堂書店」、経営変更から5年半　長岡義幸　90
閉店したちくさ正文館・古田店長が語った　石橋毅史　98
「地域の本屋」をめざした那須ブックセンター　長岡義幸　104
地域が書店を支える留萌ブックセンターの試み　三宅玲子　112
街の書店の生き方を求めて関西の書店を訪ねた　長岡義幸　116
大震災を経た仙台市の街の書店の取り組み　長岡義幸　124

コミック専門店も閉店が相次いでいる　長岡義幸　132
閉店した幸福書房元店主が語った「その後」　岩楯幸雄　136

第3章 増加しつつある独立系書店

既存の出版流通と異なる独立系書店の急増　篠田博之　142
街の書店が減る一方で独立系書店の隆盛　長岡義幸　152
「わざわざ系本屋」の系譜
——多様化する本屋と注がれるまなざし　どむか　160

あとがき

曲り角を迎えた書店界は今後どうなるのか　篠田博之　172

阿佐ヶ谷駅前と横浜の書店の再出発

閉店告知から大逆転！書店の再出発と市民の思い

2023年12月、阿佐ヶ谷駅前の書店の正面に掲げられた閉店のお知らせは苦渋に満ちた表現だった。

「大変な悲しみですが時代の趨勢《すうせい》として受け入れざるを得ません」

書店「BOOKSHOP書楽」が24年1月8日をもって閉店することを発表したのだった。これで阿佐ヶ谷に書店がなくなるとして惜しむ声がSNSなどに次々と上がった。これからどこで本を買えばいいの？という困惑の声もお店にも寄せられた。

ところが、12月27日に驚くべきお知らせが掲示された。「書楽閉店日『延長』のお知らせ」とともに「新しい書店様が書楽の場所で営業をなされます事が正式に決まりました」と書かれ、「八重洲ブックセンター開店のお知らせ」が掲げられていたのだ。1月末で「書楽」は閉店になるが、お店は「八重洲ブックセンター」として2月10日から営業が始まることになったのだ。告知を見たお客は「良かったねー」と口々に語っていた。

街の書店が次々と閉店していく中で、感動的とも言える明るい話題だ。もちろん、書店をめぐる厳しい現実は変わっていないから、これを機に、どうすれば書店が継続できるか、地域の人たちを含めて考えなければいけない。

3月、八重洲ブックセンター阿佐ヶ谷店を訪ねると、コミックコーナーに漫画家の色紙がたくさん飾られていた(右)。書店は客と作

家をつなぐ大事な場だというのを改めて思い起こさせた。

　同じような話をもうひとつ。こちらは横浜にある街の書店「弘明堂」だが、２０２２年末に閉店を決めて店頭で告知した。ところが、多くの惜しむ声が上がり、閉店は撤回された。

　お店を訪ねて店主の天野日出雄さんに話を聞いた。父親から書店を引き継いだのは何と18歳の時。それから60代半ばになる現在まで店主を続けてきた。

「店頭での本の売り上げは本当に目立って落ちています。教科書販売もやっており、そちらは安定しているので、店を畳んで教科書だけやっていこうかと思ったんです。コアなお客さんには閉店を伝えました。でも続けてほしいという声が多く、撤回の貼り紙をしたら多くの人から感謝の声をいただきました。特に小学生の男の子から『いつまでもやめないで』と言われた時には、じんと来ましたね」

　小さい頃から店を手伝っていた娘さんが行く行くは店を継いでもいいと言っているのでそれまでは頑張るという。

　閉店撤回の話は新聞でも報じられ、多くの励ましの声が寄せられた。阿佐ヶ谷駅前のケースも含め、閉店撤回の話題がこんなふうに反響を呼ぶというのも、書店をめぐる時世を反映していると言えよう。

ブックス＆マガジン
KOHMEIDOH
弘明堂
NHKテキスト

ごあいさつ
この度、弘明堂を2022年末を
以って廃業する予定でしたが、
皆様からの温かいお言葉をいた
だき、出来るところまで本屋を
続けさせていただこうと思います。
変わらぬご愛顧の程、
よろしくお願いいたします。
弘明堂　店主
CHAMPIONS

プレゼント!!

書店界・出版界あげての取り組み
「BOOK MEETS NEXT」と「木曜日は本曜日」キャンペーン

街の書店が次々と消えてゆく状況を何とかしようと、書店界・出版界あげて取り組まれているのが「BOOK MEETS NEXT」だ。詳しくは本文P24をご覧いただきたいが、左の写真は2023年10月17日にオープニングイベントとして新宿の紀伊國屋ホールで行われた作家の川上未映子さん（右側）らのトークだ。

そのBOOK MEETS NEXTと連動しながら東京都書店商業組合なども独自の取り組みを行っている。ここに写真を掲げたのは「木曜日は本曜日」のキャンペーン。2022年10月6日に俳優の上白石《かみしらいし》萌音《もね》さんを八重洲ブックセンター本店に招いて行われたイベントだ。

この取り組みについては本文P30をご覧いただきたい。

新たな動きが次々と…

書店「苦境」に経産大臣の車座ヒアリング、議連総会

2024年4月17日、都内の大垣書店麻布台ヒルズ店で、齋藤健・経済産業大臣と書店関係者の車座ヒアリングが行われ、新聞・テレビを始め多くの報道陣がつめかけた。写真は代表撮影によるもので、上が車座ヒアリング全景、中は終了後、書店の棚を見て回る齋藤大臣。議論された内容は本文P42をご覧いただきたいが、大臣自ら書店に足を運んで支援を表明したことの意味は大きいと言える。

そして下写真は翌18日に行われた「街の本屋さんを元気にして、日本の文化を守る議員連盟」の総会。自民党議員のみという構成や、これまで具体的な活動が外から見えなかったため冷ややかな見方も少なくなかったが、こうした行政や政治の動きが書店の苦境を切り開く動きにつながるのかどうか。今後の行方が注目される。

八重洲ブックセンター本店、三省堂書店神保町本店

大型書店の去就にも熱い視線が注がれた

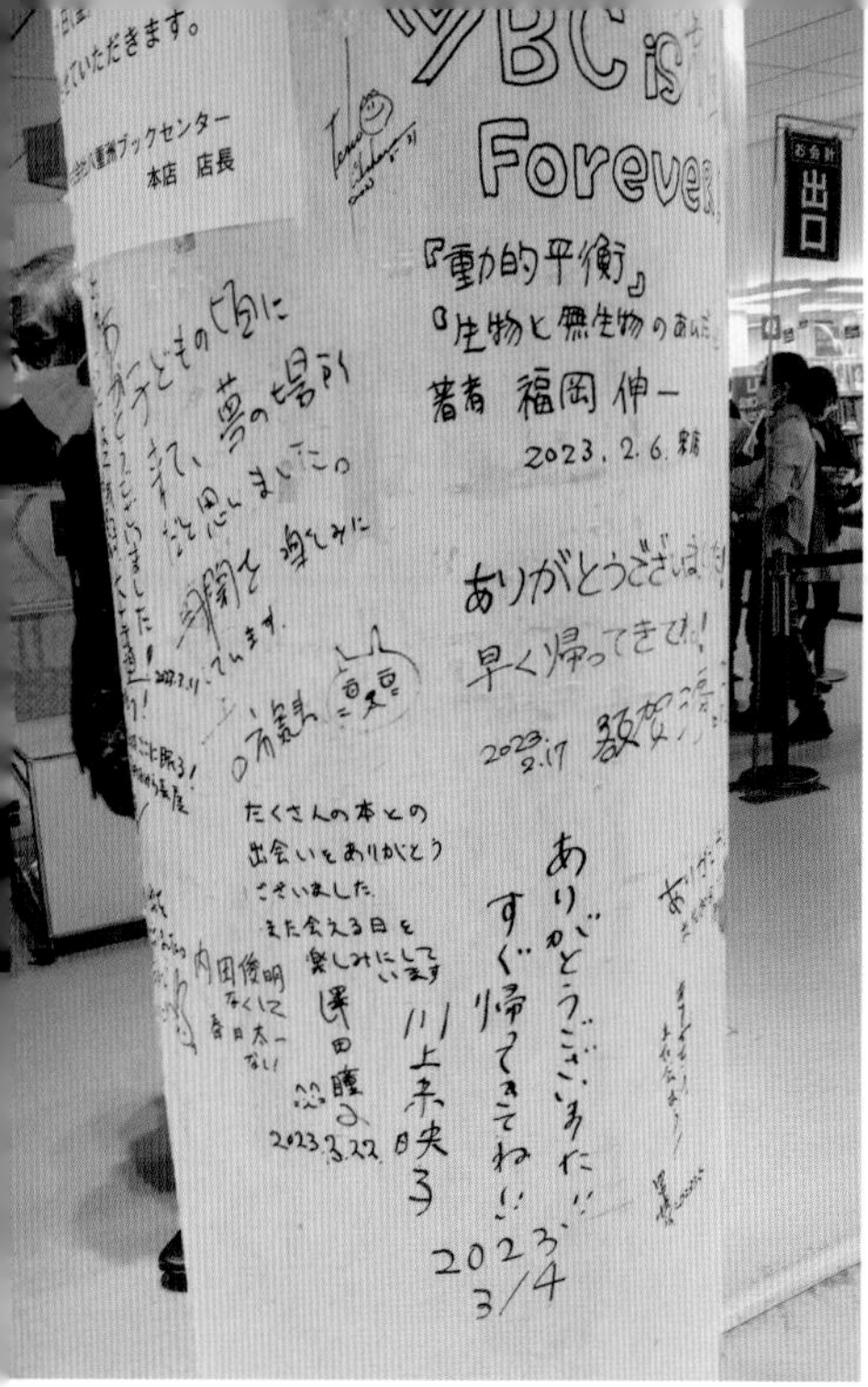

2023年3月31日、八重洲ブックセンター本店には「本日営業最終日」の看板が掲げられた。その日、44年間続いた同書店は営業終了したのだった。といっても廃業でなく、東京駅前の大規模再開発に伴うビルの建て替えでいったん店じまいし、2028年に竣工《しゅんこう》する巨大複合ビルで再び開業するという計画だ。

ただ同書店を利用してきた人たちからすれば別れであるに違いない。壁に設置されたメッセージボードには、作家や市民たちの熱い思いが掲げられた。1階の柱にも作家らが寄せ書きをしており、「すぐ帰ってきてね!!」という川上未映子さんのメッセージが目につく。「必ず帰ってきて!」という声は利用客からも寄せられた。この間、書店の閉店が相次ぎ、多くの人が心を痛めているためだ。同店では2022年9月に「八重洲ブックセンター創業祭」を店内で開催した(左ページ下写真)。9月18日の創業記念日前後に毎年開催しているものだが、既に約半年後の営業終了が発表されていたために、これが同店で開催される最後の

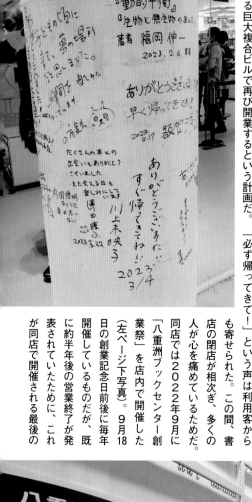

創業祭ということで、大勢の客が訪れた。

　一方で２０２２年５月、三省堂書店神保町本店が建て替えのためにいったん店を閉じた。その前に掲げられた「いったん、しおりを挟みます。」という懸垂《けんすい》幕が大きな話題になった。現在は、近くの仮店舗で営業を続けている。

　東京駅前の八重洲ブックセンター本店、神田の三省堂書店神保町本店といえば、それぞれの街のシンボルだ。そして期せずして新宿のシンボルと言うべき紀伊國屋書店新宿本店も改装工事を実施していた。改装を終えた同店は、次のページをご覧いただきたい。

　これら大型書店の建て替えは、それらが創業して一定の期間を経たという、日本における大型書店の歴史の一端を示してもいた。そうした時期が、街の書店が姿を消してゆくという時期と重なったのも偶然ではないかもしれない。書店をめぐる環境の変化は、大型書店にも影を落としている。詳しくは本文Ｐ64以下をご覧いただきたい。

２０２７年に創業１００周年
紀伊國屋書店新宿本店 大改装後のたたずまい

２０２３年1月まで大きな改装工事を実施した紀伊國屋書店新宿本店だが、２０２７年の創業１００周年へ向けていろいろな取り組みを行っている。

改装によってお目見えしたものは幾つもあり、例えば書店正面の柱サイネージ（写真上）、２階のＢＯＯＫ ＳＡＬＯＮ（下左）。その右は話題の新刊を時計のように陳列したブックロックだ。ちなみにここに掲げた写真は、月刊『創』で取材した２０２２年11月に撮影したものだ。

この時の改装は大規模なもので、以前は別館に置かれていたコミックコーナーとＤＶＤの売り場も本館に移設された。３階に置かれたアカデミック・ラウンジというスペースも新たな試みだ。

書店をめぐる今の状況の中で紀伊國屋書店がどういう方向をめざしているか、それについてはぜひ本文Ｐ69をご覧いただきたい。

反撃の拠点としての「ほんまる」
作家・今村翔吾さんのシェア型書店オープン！

２０２４年４月27日、都内神田神保町に作家の今村翔吾さんのシェア型書店「ほんまる」がオープン！新聞・テレビなどマスコミや棚主となった人たち数十人が集まるなか、テープカットが行われた(下写真)。

今村さんの挨拶はこうだった。

「出版業界は今大変ですが、決してあきらめない、その反撃の拠点が『ほんまる』として、本の聖地である神保町にできたことを、まず喜びたいと思います。出版不況と言われていますが、僕が全国を回る中で、助けてくれるファンが多いというのを実感しましたし、そういう声を結集し、つなげて輪にするという意味でも『ほんまる』という名前にしました。きょうここから、出版の灯を絶やさないための反撃に出ようと思っています」

インタビューは本文をご覧いただきたい。

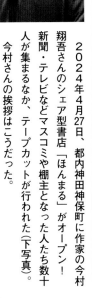

「売りたい本を売る」という、その志とは…

クレヨンハウスの移転、そして独立系書店の数々

2022年11月23日、落合恵子さんが主宰するクレヨンハウスが、46年間続いた東京・表参道での営業を終了、吉祥寺に移転して12月18日にオープンした。表参道店を最終日に訪れると（上・左・右下写真）店内はたくさんの人たちでにぎわっていた。この店を訪れていた人たちにとっては別れの日だった。そして吉祥寺店グランドオープンの日（下中・左）。店の前にはたくさんのお祝いの花が置かれていた。

大手取次を中心とした出版流通と異なる本の売り方をしている独立系書店が増えている。クレヨンハウスは先駆的だが、様々な独立系書店を訪ねて話を聞いた。

まずは、台東区の小さな書店、Readin' Writin' BOOKSTORE。ドアを開けると店主の落合博さんがひとりでカウンターにいた(上)。目の前に広がる光景は左の写真。奥に見える中2階のようなスペースは談笑ができるような空間。中央の本棚もキャスターがついていて移動できる。そこを動かして空いたスペースで、トークイベントなどを開く。

販売している本は全て落合さんが選書して仕入れている。基本は買い切りなので目利《めき》きは重要だが、売れる本よりも自分が売りたい本を置くというのが方針だ。

一方、下の写真は荻窪にある書店「Title」だ。お店のたたずまいも独特だが、店内に入ると奥にカフェがある(下右)。コーヒーを飲みながら買った本をそこで読むこともできる。

独立系書店については本文P142以下をご覧いただきたい。

下北沢にあるユニークな書店が「本屋B&B」だ（上写真）。B&Bとはブックとビール。店内でビールを含むドリンクを販売しており、それを飲みながら本を読める。店内の書棚にはキャスターが付いており、それを移動させたスペースでほぼ毎晩、トークイベントが行われている。本とイベントの売り上げは半々だという。

最後に紹介するのは神楽坂駅のそばにある「かもめブックス」だ。仕入れはほぼ日販からというから、その点からすると多くの独立系書店と違っているのだが、お店の雰囲気やたたずまいが独立系書店のイメージだ。店内にカフェがあるし、中写真の奥のスペースはコロナ前まではギャラリーだった。お店の入り口は右下写真だ。訪れた日は雨だったが、晴れた日にはテーブルで談笑ができる。店内の書棚もテーマごとになっているし、いろいろな小物も置かれているなど、独特の雰囲気だ。開店して約10年を迎えるというこの書店については本文Ｐ１５０でレポートしている。

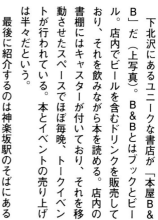

第1章

書店の苦境と打開への取り組み

2023年10月17日、BOOK MEETS NEXTのオープンイベントで挨拶する高井昌史運営委員長（紀伊國屋書店社長＝当時。現会長）

書店の現場は、どうなっているのか

減少が止まらない書店が生き残る道は何か

【日書連理事／事務局長】石井和之

街の書店がどんどんなくなっていく。今、書店界はどういう状況に置かれているのか。生き残るにはどういう道があるのか……。日本書店商業組合連合会の石井和之事務局長に話を聞いた。

日本書店商業組合連合会（日書連）は、1945年創立という約80年の歴史を持つ書店の全国連合会だ。日本書籍出版協会、日本雑誌協会、日本出版取次協会と並んで出版4団体の一翼を担っている。

その日書連の事務局長を務める石井和之さんに書店の現状について話を伺った。

書店組合加盟の数はピーク時の5分の1に減少

――書店が次々となくなっていく状況が続いていますが、いま書店の数はどのくらいあるのでしょうか。日書連加盟書店の数はどのくらい減っているのですか?

石井　日本出版インフラセンターの書店マスター（2024年3月26日現在）では全国の書店数は1万918店ですが、店売のある店は日本図書普及の図書カード取扱店数6842店（同2月29日現在）が実数に近いと思います。日書連加盟の書店は、2536店（同4月1日現在）となりました。ピーク時は1万3000店が加盟していたので5分の1ほどに減少しました。ただし店舗数でカウントしていますので、法人数では5分の1まで減っていないと思います。

以前は中小書店の中で特に零細な書店、主に雑誌を配達してきたような街の書店が廃業に追い込まれていました。このような雑誌の売り上げを支えてきた零細な書店の経営を存続させる方策をどうするかが課題でした。しかし、現在では規模の大小を問わず、書店経営は危機的状況にあるといえます。

日書連には委員会が9つありますが、読書推進に関しては読書推進委員会の補助金事業など、いくつかの店頭活動を提案しています。ところが、以前と比べると書店のエネルギー減少が顕著になってきています。頑張ろうと思いながらも、情熱やエネルギー量が明らかに減っている。自分の代で店を閉めようと、商売に見切りをつけてしまう残念なケースも多いようです。出版業界の不況はそれだけ長く、また先の見えないことが大きな原因ではないでしょうか。

出版業界が厳しいのは、お金の入り口である書店で本の売れ行きの芳しくないことが原因ですが、出版物の売れ行きを語る以前に、今では書店にやってくる人が少なくなってしまったと、多くの店主が嘆いています。何とか店の敷居《しきい》をまたいで中に入ってもらうための集客対策を、業界を挙げて考えようとしています。

例えば2018年から、11月1日を「本の日」という記念日にしてなんとか書店に来てもらおうとしています。最初の年は林真理子先生に一日店長をやってもらったりしました。あるいは書店に来てくれた人向けに、書店に貼ってあるポスターにQRコードをつけて、スマートフォンでコードを読み込んでもらうと抽選で図書カードが当たるといった試みを実施しています。

2022年からは、業界全体をまとめた読書推進キャンペーンにしようと、出版文化産業振興財団(JPIC)を中心に取り組みを一本化しました。秋の読書推進月間に「本との新しい出会い、はじまる。BOOK MEETS NEXT」という共通のスローガンで、各団体がキャンペーンを展開することにしました。

――個々の書店ではどういう方策で対応しようとしているのでしょうか。

石井　残念ながら店売では売り上げが上がらない。キャッシュレス手数料など新たな経費がかさみ、どこの書店も大体トータルは赤字です。店売の赤字を補塡《ほてん》できるようなものというと、外商とか教科書の取り扱いとか、大きな伸びは期待できないけれど手堅い売上げを期待できるものしかありません。

教科書の売り上げは粗利益《あら》が一般の本の半分ですから、大きく儲かる商品ではないのですが、返品がほとんどないので安定した商売になります。

しかも教科書以外の参考書とか副読本は定価も高いし、教科書と併せて買ってもらえます。現金化が早いというのも魅力の一つでしょう。

――そうやって店売をやめてしまう書店も事務所は残すわけですか?

石井　荷物は取次から来ますが、注文品だけが来るんです。店売はせずに、配達が主ですね。人を雇用しなければ人件費はほぼ自分の食い扶持《ぶち》だけですから、自宅で可能であれば家賃もかからない。近隣だったらガソリン代もかからず自転車で配達できます。それでも経営はカツカツではないでしょうか。

私たちとしては、書店は粗利が30%はないと維持継続できないということで、粗利益率3割を合言葉に理解を求めてきました。もちろんその旗は降ろさずにいますが、実現はなかなか厳しいのです。

これからも書店が減っていくという流れは食い止められないと思います。

　ただ見方を変えれば、いま残っている約7000店は、外商が強いとか、土地や建物が自己物件であるとか、そういう強みがあって残ってきた店なんです。だからこういう書店がなくならないうちに、何らかの光明が見えてくるような環境に改善できないかと思っています。

　売り上げの比較的堅調なお店が、今、1軍2軍で残っているから、出版業界の売り上げはピーク時の半分程度の落ち込みですんでいますが、紙と電子を合算した出版市場は1兆6000億円ほどで、他業種の売り上げと比べると、大企業1社にも及ばない数字です。

　業界の売り上げ規模は小さいけれど、活字を扱っているという意味では、活字文化を担う重要な業界じゃないかと思うんです。


――店売をやめて配達だけというと、お客さんからすると、本に接する機会がなくなるわけですね。


石井　店に行っても本が並んでいませんから書店という感じはありません。

　最近は本はどこで売っているのか知らない若い人もいるといいます。「本を売っている書店という商売があるんだよ」と言うと、「見たことない」と答えたと。それくらい街から書店が減っている。全国の自治体の4分の1以上が無書店地域であり、1店しか書店がない自治体を加えると半数近くに及びます。

　このあいだも書店同士で話していましたが、生まれた時から家に本が置いてないと、なかなか読書する習慣ができないというんです。例えば家に父親が読んでいる本がいっぱいあったとか、親が頻繁《ひんぱん》に本を買い与えてきたとか、幼いころから本に囲まれた生活をしていると読書にも馴染《なじ》んでいる。だから、ある年齢まで本を読んでこなかった人に、読書を習慣にせよと勧めるのは難しいという話になったんです。読書人口の裾野《すその》を広げる活動は大切ですが、活動を結果に結びつけるのは大変だと思います。


――今のような状況は今後、どういう影響を及ぼすことになるのでしょうか。

石井　近隣に書店のなくなった人がアマゾンで購入したりネットで電子書籍をダウンロードして読書するかというと、リアルな購入場所がなくなった人々は本を読む習慣自体がなくなってしまう。読書をしなくなると言われています。書店がなくなった街の人は、隣の街の書店まで行って本を買うのではなく、ほとんどの人が本を読むこと自体をやめるという調査結果があるようです。書店が閉店して本とのタッチポイントが喪失すると、結局、読書人口そのものが減っていくことに繋《つな》がるわけですから、書店の減少は由々しき問題だと思います。
　北海道の留萌《るもい》市で、最後の街の書店がなくなった翌年に、書店がゼロになるのは困るので、行政を含めて地元の人たちが誘致運動をして、2011年に三省堂書店が留萌ブックセンターを出店しました。当時の留萌市の人口は2万5000人。もちろん大きな売り上げが見込めるはずもなく、売り上げが維持できないからこそ最後まで残っていた書店も廃業してしまったわけです。しかし市民ボランティアが、書店がなくなってしまうのは困る、なんとか街に書店を復活できないかと活動して行政も側面支援したのです。本を買う場所があるというのは、とても大事なことだと言われました。書店がなくなったらアマゾンで買えばいいじゃないかと言う人がいますが、それは実態を見ていないという気がします。

――都内の書店も大変でしょうが、地方の書店はもっと厳しいわけですよね。

石井　来店客数という観点では、地方の書店は一層深刻です。そもそも地方は人口の絶対数が少ないので、じっとして来店を待っていては商売にならない。書店からお客さんを捕まえにいかないと商売が成立しないでしょう。さらに大都市圏を除き、ほとんどの地方の書店は商品の返品運賃は自己負担ですから、これだけ返品率が高止まりしていると、こういう経費はじわじわと経営を圧迫します。

輸送運賃の高騰《こうとう》、働き方改革による2024年問題など輸送をめぐる課題は社会的に大きな問題となっていますが、これを出版業界に当てはめると、何も取次だけの問題ではありません。遠隔地の書店は、年間の返品運賃だけでも相当な経費をかけています。人件費や運賃の高騰、キャッシュレス手数料など新たな経費の登場は経営を逼迫《ひっぱく》させています。

適正配本で返品を減らす努力を

――文具を一緒に売ったり、カフェなど本以外のものを提供する書店も増えていますね。

石井　文具は古くから書店の兼業商品でした。今では取次も様々な商品を取り扱っているので、口座一本でたくさんの商品を仕入れることができます。

昔は、書店はスペース産業みたいに言われ、できるだけ多くの本を置いて読者のニーズに応えようと、小さい書店でも書棚にぎっしり本を並べていたようです。現在では代官山の蔦屋《つたや》を嚆矢《こうし》として、居心地の良さに重点をおいたサロンのような書店も増えました。商品アイテム数をできるだけ絞り、こんな雰囲気の書店があったらいいなという読者ニーズに応えた試みだと思います。

ヴィレッジヴァンガードのように、書籍と関連雑貨を織り交ぜて構成した売り場の書店も増えました。飲食は利益率は高いですが、本の売り場を削減して飲食を提供したところで、全体の売り上げが増えたという話は聞こえてきません。あくまでも本を売るためにはどうしたらよいか、ということを基本に店づくりをしていくべきではないでしょうか。

大手取次の社長が言うマーケットインという手法、返品をできるだけ少なくするために、適正な配本で欲しいところに欲しい本を送り、無駄をなくすという仕組みを構築していくことが打開策の一つではないでしょうか。返品を減らすことでしか新たな原資を生み出すことはできないということだと思います。

書店は40年前から適正配本の実現を業界に要望してきましたが、一方で今よりも紙の出版物が売れていた時代は商品を大量に作り、大量に流通させ、大量に返品するという仕組みで成り立ってきたことも事実です。この仕組みを続けてきた結果、ここまで業界の市場を悪化させてきたこともまた事実です。いま改めて適正配本という言葉が出てきた感がありますが、「ようやく今頃になって」というのが書店の本音ではないでしょうか。このような時代であっても、今まで通り、無駄は覚悟で大量配本することの効用を喧伝《けんでん》する出版社の代表もいます。

どちらが正解かはわかりませんが、今より返品を減らさない限り業界の新たな原資は出てこないという見方は、業界内のほぼ一致した見解だろうと思います。定価は毎年数%ずつじりじりと上がっていますが、永遠に値上げできるわけではないので限界はあるでしょう。

アマゾンにどうやって対抗するのか

――本を買うのがリアル書店からアマゾンなどへ移行したという問題もありますよね。

石井　数年前、業界全体が口を揃えて仮想敵アマゾンと言わんばかりに危機感を表明したことがありました。アマゾンが脅威であることは間違いないですが、数字でみると、業界の減少した販売額がそっくりそのまま全てアマゾンに移っているかというと、そんなことはありません。インターネットやスマートフォンの普及が与える影響も大きいし、情報を得る手段がテレビ、新聞、雑誌に限定されていた時代から世の中は大きく様変わりしました。

例えば注文品が読者の手元に届くのはアマゾンが圧倒的に早い。アマゾンほどスピーディーでなくとも、せめて注文日の翌日や翌々日にはお客さんの手元に本が届くような仕組みに変えてほしいという声が増えています。ただ本当に本はそんなに早く届けなきゃいけない商材なのかという意見もあります。

日本出版インフラセンターでは、出版情報登録センター（JPRO）において新刊情報の精度を高め、新刊は必ずそのゲートを通るルールを作り、書店でもその情報が店頭プロモーションに利用できるようにするBooksPROの運用を始めています。お客さんから事前注文を取ることによって確実に部数が決まり、適当な書店に適正な部数を配本することを可能にするためのデータです。

こういうところが整備されてくれば時間の上でもアマゾンに対抗できるのではないでしょうか。あるいはアマゾンにはできないような付加価値が付けられれば、決してリアル書店に勝ち目がないわけではないと思います。

時間はかかると思いますが、こういう方策を既にかなりのスピード感をもって始めています。しかし新しい仕組みが実を結ぶまでの間に、全国からどのくらいの書店がなくなってしまうのかという懸念もあります。

残念なことに、書店減少の勢いは止まっていません。1年間に閉店する書店数は減ってきていますが、そもそも分母自体が減っているので、閉店する比率は高止まりのままなのです。

以前なら考えられなかった取次の倒産さえ起こる時代になりました。小売店にとって経営者の交代のタイミングは、営業の存続か廃業かの判断に大きく影響するようです。分母が多いだけに、中小書店が最も数を減らしていますが、今やナショナルチェーンと呼ばれる多店舗展開の書店も苦しいことに変わりはなく、規模の大・中・小を問わず厳しい経営であることは一緒です。

――かつては駅にはキオスクがあって、そこで雑誌や新聞が売れていましたが、それもなくなってしまった。コンビニでも一時期より置かれている雑誌や本が少なくなっていますね。

石井　街のコンビニも今どんどん本の売り場を縮小しています。ピーク時、コンビニルートの売り上げは、全体の25％ほどを占めていたはずですが、今では1桁台にまで減少しています。

成人雑誌を置かないコンビニも増えてきました。過去には雑誌の取り扱いをやめるのではないかとの噂もあったようですが、同系のコンビニでも店舗ごとに取り組みが違うようです。コンビニで売られている雑誌などには、コンビニ仕様の商品もあります。一般の書店で売られているのとは異なる編集、仕様の商品を販売しています。全国のコンビニ6万店の何割かで取り扱う試算で作られているようです。

国や自治体の支援の取り組みは

――このまま書店や出版文化が先細りになっていくのは危機的で、行政や政府が何か考えるべきという声も多いですね。

石井　じっくり時間をかけて土台を作り、ドイツのように専門知識のある書店員を育てて、経営の基盤になるような優秀な人材が育つよう5年、10年くらいのスパンで計画的にやらなければいけないのでしょうが、その間にも、毎日数店ずつ書店が廃業していきます。

ですから、当面はカンフル剤のように、書店がしばらく息をつける方策を考えながら、もう一方で実現に時間がかかることも並行して講じなければいけない。これはやはり個々の書店で取り組むのではなく、組合や業界全体でまとまって取り組むべき活動だと思います。しかし、何から手を付けたら効果が上がるのか明確な答えが見つかりません。何か実効性の上がるような方策が見つかるといいのですが。

国の取り組みと言えば、今、「街の本屋さんを元気にして、日本の文化を守る議員連盟」という自民党の議連があります。再販制の存続を議題にした際も文化庁の関係者を呼んで、「君らが本屋を守らなくてどうする」なんて言ってくれました。

以前、韓国のテレビ局KBSの番組制作会社から取材依頼があって、書店を守るために何らかの国策を実行していないのかと聞かれたので、全くサポートしてもらっていないと答えたら、「そういうことで文化が衰退するという意識は、日本にはないのですか」と言われました。まあ、私が答える問題じゃないと思ったんですけど(笑)、私たちは生き残りをかけて自らいろいろな取り組みをしていますと説明しました。個人的な印象ですが、日本はスポーツや文化に対して国があまりお金をかけない、自分たちで頑張りなさいという歴史があるのではないでしょうか。

書店、取次、出版社などが連携して…

書店めぐる大きな取り組み「BOOK MEETS NEXT」

松木修一
【JPIC専務理事】

「書店ゼロ」の市町村が拡大しつつあることへの危機感が高まり、「BOOK MEETS NEXT」など書店界・出版界あげての取り組みも拡大しつつある。書店をめぐる現状はどうなのか。

一般財団法人　出版文化産業振興財団（JPIC）は1991年3月に設立した団体で、理事長は近藤敏貴・日本出版取次協会会長兼トーハン社長。副理事長には、出版取次協会副会長や日本書籍出版協会理事長、日本雑誌協会理事長、日本書店商業組合連合会会長など業界団体の代表が名を連ねる役員構成だ。

2022年から出版界や書店界あげて取り組みを開始したBOOK MEETS NEXTの推進もJPICの大事な活動だ。松木修一専務理事に話を聞いた。

書店、取次、出版社などが連携して大きな取り組み

――JPICが推進しているBOOK MEETS NEXTは2023年が2年目でしたが、主にどういう取り組みを行ったのかお話いただけますか。

松木　多くの皆さんに本屋さんに足を運んでいただこうという取り組みは、既に様々な形でなされていますが、それぞれ別々にやられていたので、それをできるだけまとめよう、あるいはまとめるだけでなく、新たな取り組みもやりましょうということで、2022年からBOOK MEETS NEXTを始めました。

この2年間の取り組みのおかげで、業界の中では、秋はBOOK MEETS NEXTで一丸となってやろうという理解が進んだと思いますけれど、一般の方々はまだ「なに？　それ」という感じだと思います。そこで一般の方々、特にあま

BOOK MEETS NEXTのポスター

り書店さんに足を運ばれないような方々に対してアピールをする、本屋さんに来てもらうということに注力しようと考えています。

例えば東京都書店商業組合の「木曜日は本曜日」という画期的な取り組みは、東京都の支援もあって、素晴らしいコンテンツが作成され、その動画を何万人も見ておられる状況ですが、23年はBOOK MEETS NEXTの中でも動画を作って発信しました。著名人や影響力のある方々に出ていただいてYoutube等で配信して「本屋さんに行こう」と声をかけるという取り組みですね。東京都書店商業組合さんの「木曜日は本曜日」も継続されますので、協力し合いながら進めていければと思っています。

とにかく目的は本屋さんに行ってもらうことです。デジタルキャンペーンをやって、何回か本屋さんに行くと抽選に当たりますよみたいなこともさせていただきました。

京都ブックサミットや書店店頭での取り組みも

松木　2023年は10月17日に東京でオープニングイベントを行いました。そして10月27日から11月23日まで、いろいろなイベントを展開しました。例えば、文化庁が京都に移りましたので、京都ブックサミットと銘打って、京都で11月8日と9日の2日間、本の今と未来について考え議論しました。今村翔吾さん、池上彰さん、増田ユリヤさん、角田光代さん、小泉今日子さんらの講演が行われ、京都府、京都市にも協力いただいています。ただのお祭りじゃなくて、DX化の展示なども盛り込み、将来の読者に向けて、「書店はワクワクするところ」を発信することを目指しました。

それから東京・浅草で11月1～2日に、TOKYO RIGHTS MEETING（東京版権説明会）というのを、海外から多くの出版社やエージェントをお呼びして開催しました。日本のコンテンツを広く紹介しようと、64社の日本の出版社が出展し、海外からも90社、約180名が参加しました。

11月7日にはBOOK EXPOという、日本の出版社がブースを出して、大阪周辺の書店さんに対して商談をするという企画で、200社以上が大阪に集まりました。その方々を翌日京都にお呼びして、京都ブックサミットを盛り上げていただきました。また東京版権説明会と同じような関西版権説明会も実施しました。

11月23日までのBOOK MEETS N

EXT期間中には、全国の書店さんで様々な取り組みを行いました。映画化の連動企画があったり、スタンプラリーをしたり、オリジナルのブックカバーをそれに合わせて作ったり、作家のサイン会をやったりと、今までにないような様々な企画を店頭でやって、全国的に盛り上げました。

映画はBOOK MEETS NEXTで制作するわけでなく、ある大手の出版社さんが協力されてちょうどこのタイミングで、図書館とか本を題材にしたアニメーションがロードショー公開され、それに連動させて取り組みを行いました。映画ですから大きな宣伝にもなりますし、特別な店頭拡材も作りました。

BOOK MEETS NEXTについては、テレビや新聞を始め多くのマスコミに、本屋が面白いことやってるよというのを発信していただかないと一般の方に知っていただけません、そのためには映画化とかYoutubeとか、SNSも使って、いろいろな発信を行いました。

書店店頭の取り組みについても、全販売会社が横断型で全書店様に対して、かなり大規模に呼びかけていただきました。

議員連盟の動き、政府の骨太方針での言及

――書店の活性化というのは日本の文化を守ることでもあるとして、書店業界はいろいろなロビー活動も行ってきたわけですが、自民党議員による「街の本屋さんを元気にして、日本の文化を守る議員連盟」(通称・書店議連)の動きが目立ちます。2017年に発足した当初は40名ほどだったのがその後150名以上と、自民党の議連として最大規模になっています。この議連との交渉の窓口もJPICが担っているそうですが、この間の経緯を教えていただけますか。

松木　以前は「全国の書店経営者を支える議員連盟」という名称でした。書店の経営者を支える議連は7年ほど前からありました。書店有志の方々が、地元選出の自民党議員に、いま書店がこんなに大変な状況なんだとお伝えして、ロビー活動をしてきたわけです。コロナ禍で一時、活動はあまりできなかったのですが、書店がどんどんなくなっていくという状況の中で、また活発に活動をしています。

全国市町村のうち「書店ゼロ」の自治体が26・2%に達したというJPIC調査のデータも2022年の議連総会で報告させていただき、新聞・テレビで報じられて話題になりました。同じ調査は2024年3月にも行いましたが、書店ゼロの無書店自治体の比率は27・7%になっています。

その自民党の議連の働きかけで政府の骨太方針(経済財政運営と改革の基本方針2023)に出版支援の文言が盛り込まれたりしています。

2023年、閣議決定されて、国としての出された骨太方針の中で、例えば「中堅・中小企業の活力向上」という項に「切れ目のない継続的な中小企業等の業界再構築」という文言があって、そこに「出版業及び書籍・雑誌小売業などの産業構造も支援」という注釈がつけられました。また「文化芸術・スポーツの振興」という項では「書籍を含む文字・活

字文化、文化観光による新たな価値創造」という表現が出てきます。

これまではあまり出版とか書籍・雑誌小売業といった表現は出てこなかったんですけれど、そういう表現が入りました。これは政府の大方針で、骨太方針に入ったから自動的に予算が付くわけではないので、今後、具体的に施策だとか政策だとかが動き出すために業界として何をするかというのが重要だと思います。

議員連盟は2023年5月に「第一次提言」を発表しました。「不公正な競争環境等の是正」は公正取引委員会に、「書店と図書館の連携促進」については文科省に、「新たな価値創造への事業展開を支援」については経産省、財務省に、「文化向上・文化保護、読書活動推進、地方創生、DX化、観光振興等の観点からの支援」は文科省・文化庁、内閣府、総務省、観光庁にというふうに取り組むことを課題として掲げています。我々民間が言うよりも。関係省庁からすると議員が働きかけた方がインパクトが大きいわけですね。それぞれの省庁で取り組みが始められている施策もあります。

図書館界とも新たな協力体制の構築

――出版界と図書館は、いわゆる複本問題（図書館がベストセラーなどを何冊も抱えて貸し出しを行うことに出版社や著者から反発が起きていた）などで対立する局面もあったのですが、さすがに深刻な危機が進行するなかで協力を深めようという動きになっているようですね。

松木　書店も著者も厳しい状況が進む中で、文科省が間に入り、JPICが業界の窓口となって、書店、図書館関係者、出版社、著者の代表が、それぞれの課題を理解しあって、お互いがもう一度現状を認識し合いながら、何ができるのか話し合おうというという場が作られました。「書店・図書館等関係者における対話の場」という名称で、2023年10月から話し合いを行い、2024年4月にはその「まとめ」が発表されています。

20年以上もかかっているいろいろな問題が一気に解決するわけではないかもしれませんが、継続的な出版活動や著者の仕事ができなければ図書館だって本は入ってきませんし、このままいくと書店だけじゃなくて図書館にも影響が出るということで、今後は書店・図書館等の関係団体の代表者等から構成される協議会を組織して、「対話の場」で挙げられた課題の検討と具体的対策の実践に取り組んでいくことになりました。

書店ゼロの市町村の増加、一方で独立系書店の動きも

――先ほど書店がない自治体が27・7％というお話がありましたが、あれはJPICが調査をしているのですか。

松木　日本出版インフラセンター（JPO）がいま一番、書店さんを把握されていると思います。そのデータの中から我々が調べました。

実は書店さんの定義がなかなか難しくて、古本屋さんもそうだし、カフェ等が中心で本もセレクトして置いているところ、外商だけというのも書店は書店なのです。ただ我々が集計しているのは、街

で子どもたちやお年寄りがふらっと入って様々な本に出会える場所。ウェブ書店でなく店舗のある書店です。ＪＰＯさんのデータから、坪数がまず登録されていること、外商でなくお店があるということ、新刊の取り扱い口座があるという、それをベースに出させていただいてます。

——出版社と直取引の独立系書店は入ってないということですか。

松木　独立系でも販売会社の口座を持ってらっしゃるところは含まれます。完全に古書しかやっていないところは入ってないですね。本来であればセレクトショップ的なところも把握した上でやらなくちゃいけない。そのあたり、もう少し進化させたいとは思っています。

——書店ゼロの自治体が何％という時は基本は県単位なのですか。

松木　県単位ですね。どの県は書店が何軒あって何％というのは新聞などにデータを提供しています。

——市町村のようなところまでもっと細かい地域の調査もしているのですか。

松木　しています。ただ細かいところまでは公表していません。その地域が書店ゼロと発表したら、我々の集計根拠以外の前述のような書店からうちは書店ではないのかといった声があがることも考えられますので。この調査は書店を選別するものではなく、日本からそしてあなたの周りから文化を守る書店がなくなっていることを知ってもらうためのものです。

　２０２４年3月の調査で書店ゼロが27・7％と公表しましたが、実はあと１軒しかないというところを入れると47・4％。残された1軒がなくなるとそれらの自治体はゼロ軒になりますから、たぶんこのまま行けば、あと何年かのうちに日本の半分の自治体から本屋がなくなるという事態が訪れるのです。

　ネットで注文できるからいいのではと言う人もいますが、やっぱり新たに本と出会うという体験はリアル書店ならではです。たまたま本屋に行ったら面白い本に出会ったという世界がなくなるのは、大きなマイナスではないかと思います。韓国などではもっと本屋を守ろうとしているし、出版が国際競争力を高める土台だという考え方です。日本はなかなかそこまでは行ってないですね。

　しかし、最近は多くのマスコミなどに取り上げられ、一般の方々にも現状が知られるようになってきました。また韓国やアメリカではリアル書店が増加し、若い読書が増えているという報告も聞きます。日本でも新たなムーブメントを起こせると考えています。国の支援を待つのでなく、せっかく一般の方々も書店の意味に関心を持っていただいた今がチャンスですので、出版業界が一丸となって動き発信をすべきです。ＢＯＯＫ　ＭＥＥＴＳ　ＮＥＸＴの取り組みもその一環です。

既に動き出したBOOK MEETS NEXT2024

——4月30日に説明会を開催するなど、ＢＯＯＫ　ＭＥＥＴＳ　ＮＥＸＴ２０２４が、昨年より早く、既に動き出していますね。

松木　２０２４年も東京でのオープニングイベントを始め10月26日から11月24日までの予定でＢＯＯＫ　ＭＥＥＴＳ　ＮＥＸＴ２０２４が開催されます。特に今回は、

無書店自治体調査		2022年9月(8,582書店)			2024年3月(7,973書店)-609書店		
		456	26.2%	45.4%	482	27.7%	47.4%
都道府県	自治体数	無書店自治体	無書店率	1書店以下率	無書店自治体	無書店率	1書店以下率
北海道	179	76	42.5%	70.9%	76	42.5%	72.1%
青森県	40	15	37.5%	57.5%	16	40.0%	57.5%
岩手県	33	7	21.2%	48.5%	7	21.2%	51.5%
宮城県	35	9	25.7%	48.6%	10	28.6%	54.3%
秋田県	25	8	32.0%	48.0%	8	32.0%	48.0%
山形県	35	11	31.4%	54.3%	11	31.4%	57.1%
福島県	59	28	47.5%	61.0%	28	47.5%	67.8%
茨城県	44	5	11.4%	31.8%	6	13.6%	31.8%
栃木県	25	3	12.0%	24.0%	3	12.0%	36.0%
群馬県	35	10	28.6%	51.4%	11	31.4%	51.4%
埼玉県	63	5	7.9%	25.4%	6	9.5%	30.2%
千葉県	54	11	20.4%	33.3%	13	24.1%	33.3%
東京都	62	7	11.3%	19.4%	8	12.9%	22.6%
神奈川県	33	6	18.2%	36.4%	6	18.2%	39.4%
新潟県	30	5	16.7%	36.7%	7	23.3%	36.7%
富山県	15	2	13.3%	13.3%	2	13.3%	13.3%
石川県	19	1	5.3%	10.5%	1	5.3%	10.5%
福井県	17	2	11.8%	41.2%	2	11.8%	41.2%
山梨県	27	8	29.6%	48.1%	9	33.3%	48.1%
長野県	77	40	51.9%	71.4%	41	53.2%	71.4%
岐阜県	42	6	14.3%	40.5%	7	16.7%	40.5%
静岡県	35	3	8.6%	28.6%	4	11.4%	28.6%
愛知県	54	2	3.7%	11.1%	2	3.7%	11.1%
三重県	29	6	20.7%	41.4%	6	20.7%	41.4%
滋賀県	19	2	10.5%	31.6%	2	10.5%	31.6%
京都府	26	5	19.2%	26.9%	5	19.2%	34.6%
大阪府	43	4	9.3%	25.6%	5	11.6%	27.9%
兵庫県	41	2	4.9%	14.6%	2	4.9%	14.6%
奈良県	39	20	51.3%	64.1%	20	51.3%	64.1%
和歌山県	30	8	26.7%	63.3%	8	26.7%	66.7%
鳥取県	19	7	36.8%	63.2%	7	36.8%	68.4%
島根県	19	4	21.1%	36.8%	5	26.3%	42.1%
岡山県	27	4	14.8%	40.7%	5	18.5%	44.4%
広島県	23	0	0.0%	26.1%	0	0.0%	26.1%
山口県	19	5	26.3%	31.6%	5	26.3%	31.6%
徳島県	24	9	37.5%	54.2%	9	37.5%	54.2%
香川県	17	0	0.0%	23.5%	0	0.0%	29.4%
愛媛県	20	2	10.0%	35.0%	3	15.0%	35.0%
高知県	34	15	44.1%	70.6%	15	44.1%	76.5%
福岡県	60	17	28.3%	51.7%	19	31.7%	50.0%
佐賀県	20	4	20.0%	55.0%	4	20.0%	55.0%
長崎県	21	4	19.0%	38.1%	5	23.8%	38.1%
熊本県	45	20	44.4%	60.0%	21	46.7%	66.7%
大分県	18	2	11.1%	33.3%	2	11.1%	33.3%
宮崎県	26	9	34.6%	65.4%	10	38.5%	65.4%
鹿児島県	43	14	32.6%	48.8%	17	39.5%	53.5%
沖縄県	41	23	56.1%	58.5%	23	56.1%	63.4%

＊出版文化産業振興財団(JPIC)調べ
使用データ：日本出版インフラセンター提供　共有書店マスタ(2024年3月現在)
集計対象「店舗あり＋坪数登録あり書店」
販売会社に口座を持ち、新刊委託商品を品揃え可能な書店(大学生協や古書店、スタンド売店などは含まず)

生活者の近くに本を目標に、平日の夜に多くの本に関わるイベントを行う「ＴＯＫＹＯ ＢＯＯＫ ＮＩＧＨＴ」を中心企画として開催、東京に限らず、全国で「ＢＯＯＫ ＮＩＧＨＴ」を企画・運営できるプロデューサーの募集も始めました。また、休日、日中に書店や自治体が一緒になって本に関わる大きなイベントを行っていただける企画も募集中です。

――昔から自治体や学校などと協力して読書推進運動を行っていますが、これもＪＰＩＣの大きな取り組みですね。

松木　もともと読書推進運動などがＪＰＩＣのメインの活動です。読書アドバイザー養成とか読み聞かせサポーター講習会など様々な取り組みを行っています。子どもたちが本と出会う機会をもっと作っていかないといけないと思います。

動画を活用したプロジェクト

東京都書店商業組合と「木曜日は本曜日」

小川頼之
［東京都書店商業組合副理事長／小川書店社長］

東京都書店商業組合が始めた「木曜日は本曜日」キャンペーンは、動画配信の初回に上白石萌音さんが登場、イベントにも登場して話題になった。こうした取り組みの経緯を聞きに小川書店を訪れた。

南北線・白金高輪駅から歩いて数分の小川書店の社長・小川頼之さんを訪ねた。20坪と店舗は小さいが、3代続いた街の本屋さんだ。

祖父の代から三代続き、生き残りのために専門店化を図っているという小川書店の状況そのものが、まさに街の書店の置かれた歴史的経過を反映しているといえる。

その日、訪れたのは東京都書店商業組合の書店活性化の取り組みについて聞くためだった。小川さんは当時、その組合の常務理事を務めていたが、現在は副理事長だ。

本と本屋さんの良さを動画を駆使して知ってもらうという、そのプロジェクトは2021年10月からスタートした。経緯について小川さんに聞いた。（編集部）

プロジェクトは決定後、急きょスタートした

――そもそもプロジェクトはどういう経緯で動き出したのですか。

小川　2020年から東京都に、中小企業の事業を活性化するための企画を募集して、当選したものに補助金を出すという制度ができたんですね。私たち東京都書店商業組合で同年、それに応募したんですが、落選しました。でも翌年、予算枠が増えたのでぜひまた応募してほしいと言われて応募したら通ったんです。

私たちの企画は「新しい日常対応型業界活性化プロジェクト」というのですが、

小川書店にて、小川頼之さん

デジタルを使って動画を作り、本と本屋を盛り上げようというものでした。

――具体的にどういう内容だったのですか？

小川　決まったのが7月で、そこから準備を始めて10月スタートですから大変でした。私たち自身、当初は不安もあったのですが、提案が通ったことを報告した理事会の後、常務理事の一人、久美堂の井之上健浩社長と、さてどうしようかという話をしたんです。

その時に私が説明したのが、本屋の良さというのは言葉だけで説明するのは難しいから映像を使うのがよいが、その映像もひとつだけではだめで、いろんな経験をどう盛り込んで動画を作っていくか。本屋さんて単なるビジネスだけじゃないよね、その部分を伝えないといけないんじゃないかといった話をしました。我ながら良いことを言ってるなと、話しながら思いましたね（笑）。

翌年3月15日までには全部終えて報告までしないといけないので、8月中から具体的作業にかかりました。ひとつはいろいろな書店を短い動画で紹介するというものです。東京都書店商業組合は比較的小さな街の書店が多いのですが、紀伊國屋さんなども入っています。紀伊國屋さんは社長自ら号令をかけ、都内5店舗で協力しようと言ってくれました。『「本屋」は死なない』という本を出したフリーライターの石橋毅史さんにお願いして書店の取材をしてもらい、それぞれの書店で何をポイントにしてどういう映像を作ったらよいか決めて動画を作りました。

2022年からのキャンペーン「木曜日は本曜日」

2022年には10月6日から「木曜日は本曜日」というキャンペーンを行いました。木曜日というのは週の真ん中ですから、その日に本屋さんに足を運んで本を買ってもらい、週末にゆっくり読んでいただきたいという趣旨です。それとまあダジャレでもありますね（笑）。

本屋を愛する著名人や作家、インフルエンサーが、「人生を変えた10冊」を紹介するという企画で、キャンペーンに参加している書店は、コーナーを設けてそれらの本を店頭に置き、購入した人にはしおりを渡すという仕組みです。

その発表会を兼ねて、八重洲ブックセンター本店で上白石萌音さんを招いてイベントを行いました。

上白石さんがインタビューに答えて読書体験を語る動画はユーチューブで既に何十万もの再生回数を記録しています。

上白石さんが「人生を変えた10冊」と

「木曜日は本曜日」上白石萌音さんの動画

してあげたのは、伊坂幸太郎『アイネクライネナハトムジーク』やフランソアーズ・サガンの『悲しみよ　こんにちは』、林明子の絵本『こんとあき』などでした。

その後も上白石さんに続いて動画は配信されており、第2回はポッドキャスト番組「歴史を面白く学ぶコテンラジオ」のキャスター深井龍之介さん、第3回はフリーアナウンサーの宇賀なつみさんでした。

動画は、それらの出演者がインタビューを受けて話す映像と、特定の書店を訪問する映像とで成り立っており、初回の上白石さんが訪問したのは小川書店でした。

小川書店の上白石さんのサインと関連コーナー

東京都書店商業組合では、キャンペーン参加書店で、動画で薦められた10冊がどのくらい売れたといったデータもとっていますが、キャンペーンで本が何冊売れたということより、本屋さんに関心を持って足を運んでくれる人がどのくらい増えていくかが大事だと思います。

生き延びるための専門店化

——そういった活動を通じて、厳しい環境の中で書店がどうやって生き延びればよいのか。小川さんなりに思うところはありますか。

小川　いろいろな取り組みをしてきて、方向性がちょっとずつ見えてきた気がしています。

私は2つのキーワードがあると思っています。ひとつは紙の本と本屋の贅沢《ぜいたく》さをどう理解してもらうか。そしてもうひとつは書店の専門店化ですね。東京は書店が減っているといっても地方に比べればまだまだ密度が高いので、よく金太郎飴《あめ》と言いますが、ほかと同じことをやっていては生き残れない。やはり特色を出していく必要があります。

小川書店でいえばそれは教科書や教材参考書、学習要素のある児童書、子育ての本にシフトするということです。店頭

#木曜日は木曜日
でも本を読みたいけど 何から読めばいいか わからな

小川書店を訪れた上白石さん（「木曜日は本曜日」動画より）

小川書店

でも半分以上を教材や参考書と学習要素のある児童書の棚にしています。このへんは学校が多いということもあって、そういうお客さんが多いのです。「サバイバルシリーズ」など、とてもよく売れます。

外商の教科書販売もやっていて、毎年3月は毎日のように学校へ出かけて販売をしています。いま30校ほどの教科書販売をしています。アルバイトを何人も雇って教科書を運ぶので、体力勝負で大変なのですが、いまや売り上げの7割を占めるまでに至っています。

昔、本が売れていたころはそれが3割で、店頭での販売と比率は逆転していたのですが、その頃は本や雑誌がよく売れたのですね。『小学1年生』『小学2年生』などの学年別学習雑誌も本当によく売れました。でも今はそれほど売れないどころか、そういう雑誌自体がほとんどなくなってしまっています。

そんなふうに雑誌や本の売り上げが落ちていく中で、小川書店の場合は教科書販売などの外商で支えている。今は社員も雇えていますが、外商がなかったら食べていくのがやっとでしょうね。

小川書店のある場所は、以前はバス停が幾つかあってターミナルだったのです。大昔は都電の駅もすぐそばにありました。ところが2000年に地下鉄南北線が開通すると、その駅を使う人が増えてバスの利用客が減ってしまったのです。お客さんもかなり減ってしまいました。

――小川さんは小川書店の3代目にあたるわけですね。後を継ぐ時は悩んだりしたこともあったのですか？

小川　私は大学を卒業して11年間IT企業に就職してプログラマーとシステムエンジニアをしていました。それなりに収入もあったので収入減を受け入れられるかどうかだけが少々悩んだ点でした。その時点で35歳でしたので、サラリーマンの限界も見えつつありましたし、会社から独立するなら、培ったIT技術を、それなりに経営が維持できている家業に生かすことで、大いに発展させていけると考えました。

（月刊『創』2021年12月号、22年12月号などの記事を改稿）

シェア型書店「ほんまる」開店！

書店を盛り上げるためにやれることはまだまだある

今村翔吾【作家】

川上未映子さんや林真理子さんら、書店界支援の声をあげている作家は少なくないが、今村翔吾さんはその中でも特別かもしれない。自ら書店を経営しており、4月27日にはシェア型書店をオープンさせた。

書店をめぐる厳しい状況について多くの作家が声をあげている。その中で、今村翔吾さんは自身で書店を経営し、書店の今後について具体的な施策を提案している。大阪府箕面《みのお》市と佐賀市に続いて、2024年4月27日には東京神田神保町に「ほんまる」という3軒目の書店をオープン。今回のはシェア型書店で、そこにも今村さんは新たな可能性を見出している。「ほんまる」開店の日の写真はカラーグラビアP13を参照いただきたい。

書店は思い出とともにある存在

――4月27日オープンの神田神保町のシェア型書店「ほんまる」で、今村さんの書店経営は3店目ですね。まず、これまで書店経営に取り組んできた経緯を教えていただけますか。

今村　2021年にオープンした最初の書店は大阪府箕面市にある「きのしたブックセンター」でした。

僕の同級生が事業承継のサポートをする会社をしていて、「大阪に事業承継を望んでいる書店があるんやけど興味ある？」みたいなことを言ってきたのです。作家が書店を経営するなんてほとんどないことなので、同じ業界とはいえかなり遠いぞと思いながら、ちょっと気になって行ってみたんですね。というのも、その書店がなくなると、箕面のその駅から歩いていける書店がゼロになってしまうと聞いたからです。

「きのしたブックセンター」で。中央が今村翔吾さん

行ってみたらやっぱり本の数も少なくて、その書店の方も先代から受け継いだもので、いずれ閉店せざるを得ないみたいなことをおっしゃっていたんです。

だから正直、迷ってたんですけれど、最終的にやろうと決めたのは、おばあちゃんと小学校2～3年生ぐらいの女の子が買いに来ておられて、お客さんもまばらやったんですけど、絵本か何かを買ってたんです。僕自身も祖父と一緒に書店に行って本を買ってもらった思い出がいっぱいあります。やっぱり書店ってそういう思い出と一緒にあるものなので、この子が大人になった時に、この書店がなかったらおばあちゃんと行った思い出の場所がなくなるんかなと、ふとそんな思いがよぎったのです。

その時に、僕でできるんやったらやろうかなと思ったんですね。とはいえ、僕はその時点でスタッフも雇っていたので、わざわざ危ない橋を渡るのはどうかとも考えました。でも幸い、僕が以前、ダンスのインストラクターをしていた時の教え子とかがスタッフとしてやってくれていて、僕がやりたいと思っていることを何となく感じ取って、後押ししてくれたんですね。それで、その1店舗目を継ぐことになりました。

全国の書店を回って現状がいろいろわかった

今村　それから2022年に僕が『塞王《さいおう》の楯《たて》』で直木賞を受賞した後、全国47都道府県の書店や図書館280カ所くらいを4カ月ぐらいで回ったんですけど、その中で日本の書店の現状がいろいろわかったのです。いろんな縁とかもできた中で、「事業承継をうちもしてくれませんか」みたいな声がすごいいっぱい来たんです。あと年齢的な問題もあって、年配の方が跡取りもいなくて引き継げる人を探している、という声もありました。アドバイスが欲しいという声もあって、僕より皆さんのほうがプロでしょと思うこともありました。

一応、会社の財務状況なども見させてもらって、正直そういうところの8割9割ぐらいはきついなというのも目の当たりにしました。

その中の1人に「佐賀之書店」の本間店長もいまして、彼女が自分で書店をや

今村翔吾●1984年、京都府生まれ。滋賀県在住。2022年『塞王の楯』で直木三十五賞受賞のほか受賞歴多数。作家活動のほか、講演やテレビ出演なども多数。書店経営にも力を入れている。

ろうとしている、もしくは引き継ごうとしている。ただ、書店の現場の経験と経営の経験は全く別物で、「私は書店員としてはそれなりに学んできたけど、経営は全くわからないから」ということで、誰かに相談したら「今村さんに聞いてみたら?」ということで僕のほうに来たんです。

　僕自身が佐賀での賞でデビューしたということもあるので、佐賀には何か恩返しをしたいなと思っていたのですが、調べたら2回の台風で書店の本が水没し、それを契機に積文館さんが撤退されて駅から本屋が消えたということなんですね。

　やっぱりなくなってから書店のありがたさとか良さに気づく人が多いみたいで、佐賀新聞の記事でも、駅が再開発されてるのに書店が戻ってきてないみたいな記事があったんです。なので、ここでやってみようかということで、佐賀のJR九州さんとも話したら、すごく喜んでもらえて、これを機に、ということで、恩返しも兼ねて「佐賀之書店」の経営をすることになったのですね。ここまでが2店舗目です。

作家の仕事だけでは実感できなかったことも

――書店業界全体を見渡して行動しているというのはすごいですね。

今村　いやいや。作家をやってただけじゃなかなか知れなかったことがたくさんあります。例えば書店が厳しいとか言ってるけど何が厳しいんだろうとか、そういうことが肌でわかりますよね。世の中の物価の上昇に対して本の価格が追いついてないんじゃないかとか、物流費の高騰であるとか、特に地方の場合は発売日から数日遅れて本が届くのでインターネット書店に負けてるとか、挙げだしたらきりがないんです。そういうことが肌で実感できて、そこからですかね。

　別に作家がやる必要はないのかもしれないけど、知ったからには少しでもプラスになることをやり続けていきたいなと思いました。それと、のっぴきならないぐらい業界が疲弊《ひへい》しているのも感じたので、まずはやってみようと。ほかにもいろんな人がいろんなアプローチでやっているので、どこかで結実し、出版文化の復活、書店の復活につながればいいなと思っています。

――基本的に2つの書店は店長さんに任せているんですね。

今村　そうです。でも名義貸しみたいなのではなくて、具体的に数字を見ながら経営をやっています。毎日、日報をちゃんと読んだり、指示も出しています。本当にそこはもう、作家というより社長としてやってますね。人件費の管理からいわゆるキャッシュフロー、お金の管理まで、全部数字を見て会議を開いてやっています。

――書店経営はいま厳しいとよく言われますが、実際にやってみて、やっぱり厳しいですか。

今村　「きのしたブックセンター」で何とかトントンか、赤字の月もあったり黒字の月もあったりみたいな感じなんですけど、一方で佐賀の方は今のところオープンからずっと黒字なんです。

　どうしてかと考えて一つ思ったのは、

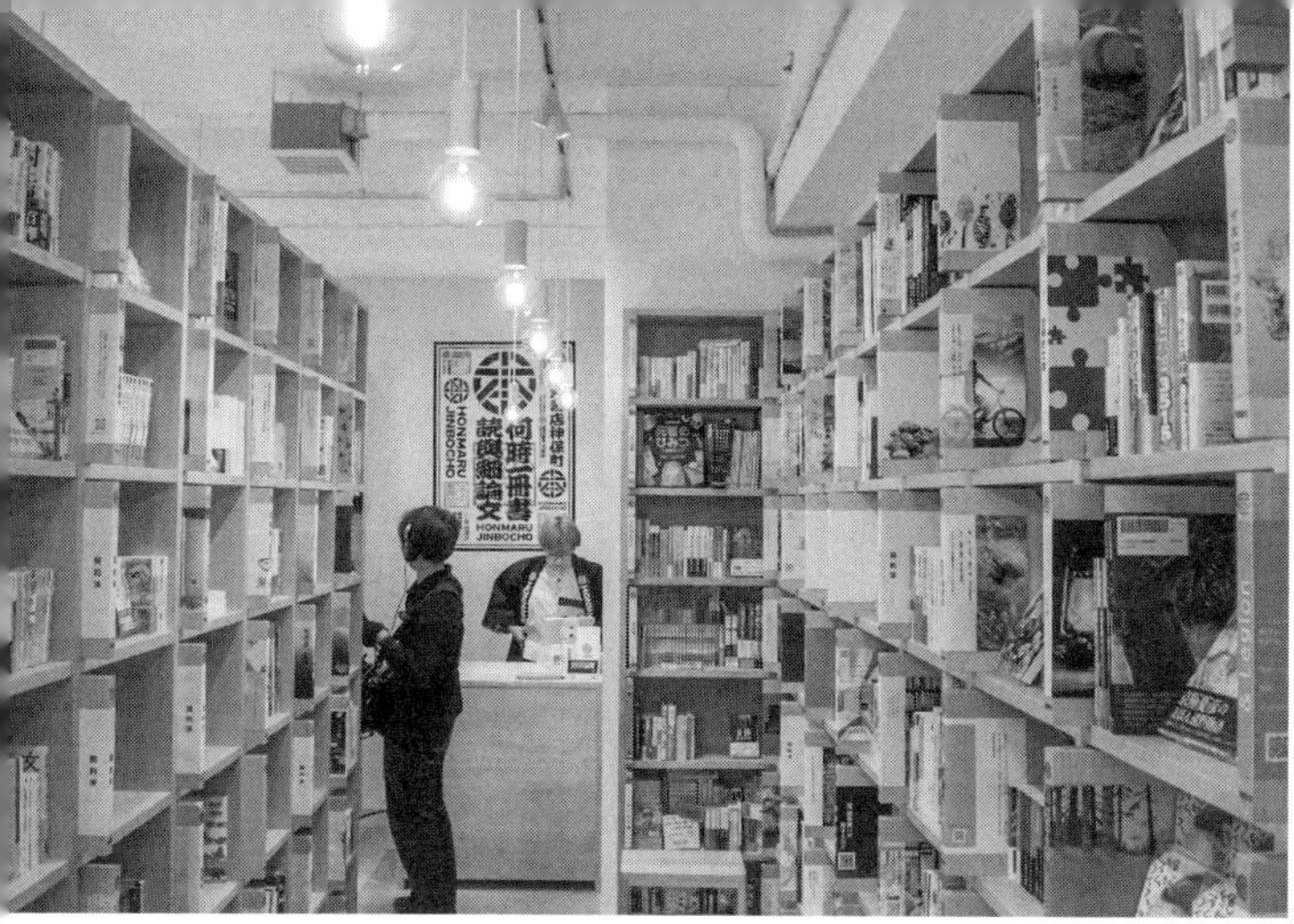

東京・神田神保町にオープンした「ほんまる」の店内

人の流れのあるところに本屋があるというのが必要かなということです。わざわざ本屋に行くという動機は減ってしまっているのかもしれないけれど、通りかかった生活導線の中に本屋があれば、入ってしまうだけの魅力はあると思います。

本の売れ行きが全体的に下がっていっているからこそ、いわゆる良い立地で書店を出すことができなくなって、生活導線上にない書店の場合は目的来店になります。ショッピングモールとかにない限りはその本をインターネットで買ってしまうということもあるし、そのあたりバランスが悪くなってきてるんでしょうね。

シェア型書店の持つ3つの可能性

——今度のシェア型書店をというのは、そういう取り組みをしている過程で考えられたのですか。

今村　そうですね。シェア型書店って僕たちが調べただけで今、全国に50店舗ぐらいはあるんですが、様々な形でやっていて、ある意味でルールが整備されていない。法人でやっている書店もあれば個人事業主とか、趣味でやっている書店もあります。ただ僕はここにちょっと可能性というか、今の地方の書店が抱えている苦しいところを改善する可能性があるんじゃないかと、1年間ぐらいずっと研究してきたんです。

その可能性というのは大きくは3つなんですけれど、書店が潰れていってる一方で、自分で書店をやりたいという若者はいっぱいいるんです。段階を踏まずにいきなり書店を始めて失敗しちゃってるケースも多いので、そういう自分の棚を持ちたいというニーズに、まずは応えたいと思います。

また地方の出版社で、書店に棚を確保できてないところは多いんです。出版社が3000社ぐらいある中で、出版した本が書店に安定的に並んでいるのは100社ぐらいじゃないですか。魅力あふれる本を作ってるのに置く棚がないという現実があるようなので、出版社にとっても僕はこれはよくないんじゃないかと思います。

逆に都市部の大手と言われる出版社でも、例えば僕の場合なら『塞王の楯』を、滋賀で展開したいなとかキャンペーンを張りたいなとか、滋賀のシェア型書店に棚を借りたい時だってあるだろうと思います。だから、都市部と地方の小出版社の往来というか、つなぐ役割にもなるんだろうと思うのです。

もう一つは、僕が47都道府県、日本全国を回ってる中で、やっぱり出版って多くのファンがまだいっぱいいるんです。特に企業の社長さんとかが、「僕はこの本に救われてこの会社を立ち上げて成功したから出版界に恩返ししたいんだけど何をしたらいいの?」とか、「応援したいんだけど何ができるの?」と相談する窓口がないんですね。

だからそういう方々にとって、自分たちの企業が、フリーペーパーを出すより安い価格で告知宣伝してもらいつつ出版界に一緒に関わりたいと思ってくれている企業さんとのパイプにもなるんじゃないか。現に今「ほんまる」の申し込みの中で、出版と直接関係のない、塗装業の方とか、あとはＩＴ企業とか、そういうところから棚を持ちたいという申し込みもあるので、やっぱりパイプが必要だったのだなという実感があります。こういう方々に支えられたり、書店として一番きついのは家賃と人件費という固定費なんで、そこの足しになれば、街の書店が再生する可能性はあるんじゃないでしょうか。

例えば「ほんまる」が鳥取にできたら、地元の書店をなくしたくないという鳥取の企業に、景気の良い業界から入ってきてもらうとかもできます。出版界の中だけで解決は難しいのではないかと思うので、大いに外の業界の人たちにも協力してもらってやっていく。その中で、また新たな知見とか、新たな知識も入ってくると思うんです。そういうパイプになるのがシェア型書店かなと思っています。

シェア型書店について1年間調べてきた

——神保町の「ほんまる」は去年ぐらいから準備してたんですか。

今村　土地は探してたんですけど、まずはシェア型書店というものを勉強せないかんということで、1年間ぐらいやっていました。今回は、行政なんかも棚を持ちたいと言ってくれてるんです。僕の地元の大津市さんも、大津をＰＲしたいと入ってくれたんです。例えば今、大河ドラマ『光る君へ』で大津が出てくるので、それをＰＲしたいといったことですね。こういう行政とのつながりもできるんじゃないかと思っています。逆に行政や上場企業とかが入ってきてくれるとなると、法的な整備も必要になってきます。

シェア型書店って正直グレーな運営という面もあるんですよ。グレーと言っても別に犯罪とかということじゃなくて、例えば出版業界には再販制度の維持というのが、是非はともかくとして存在するのは間違いない。再販制度の維持に関してはシェア型書店はすごい課題やろうなと思ってたんです。詳しい弁護士さんとかにも何度も相談しつつ再販制度を維持しながらシェア型書店としてやっていける道というのを整備してきました。

「ほんまる」は店舗自体はそんなに大きくないんですけど、棚は全部で３６４あります。3カ月とか6カ月だけＰＲしたいという人もおられるので棚主の出入りはあるのです。そういう意味では、ちょっと興味あるなという方は申し込んで、体験してもらえたらと思います。

――棚の管理や運営はどういうふうに行うのですか?

今村　管理も僕の会社でやっています。店長がいて、正社員で人を雇って、アルバイトさんもいて、うちの会社で運営しています。だから僕の会社は、「きのしたブックセンター」と「佐賀之書店」を含めたら、作家事務所でいちばん人の雇用が多いかもしれないですね。

――シェア型書店のシステムについても、いろいろ考えておられるのですね。

今村　例えばお客様に本を買っていただいたら棚主の人にメールが行くようなシステム、「今この本が売れました」というメールがいくシステムも作っています。また個人の方がこの本を売りたいという時に、一応どんな本でも基本的に置いていいんですけど、お子様とかに良くないものではないかとか、こちらでチェックさせてもらうということもやります。シェア型は古本も扱うので、古物商の免許も必要なんですね。

――それは思った以上に大変ですね。

今村　意外と大変です。1年間準備してきたのも、システムとか法律とか、あとはホームページとか内装とかも含めてです。

今回、佐藤可士和さんというクリエイターを迎えたのは、全国どこの地域に行っても愛されるようになってほしいから、日本中にブランドを広げている可士和さんに力をお借りできたらと思って、ダメ元で手紙を13枚書いたんです。めっちゃ熱意を込めて書きました。檄文というか、メールで送るより自分の思いを伝えられると思って手紙を書いたのです。

業界全体が厳しいなかで まずは挑戦あるのみ

――そうやって棚を貸して、しかもそこから独立して書店を開きたいという人が出てきたら応援しますということですね。

今村　まずは書店についての知見とかを教えるセミナーみたいなものが必要だと思います。例えば出版社、取次、書店とか、いろんな方を講師にお招きして、書店を開きたいという若者たちに知識を教えられたらいいなということですね。そういうのは既にやっている団体もあると思うんですけど、僕らの場合は、例えば書店を開くにはお金がかかるので、セミナーに参加した人たちには、まず融資を受けるお手伝いからしてもいいし、僕たちも会社として融資もできると思っています。皆さんに支えていただいて利益が出たら、それを今度は新たな書店のために投資していけるような形です。書店を既に2軒やりましたけど、正直、お金がかかりますからね。

僕は、今考えていることが正解なのか、どこまでいけるのか、正直まだわからない。ただ、わからないからやめようというのでなく、これからは何でもやってみて挑戦しないと、この悪い流れは変えられないんじゃないかと思ってるんです。まずは行動あるのみと思っています。

確かに今、業界全体が厳しいですよ。書店さんの中で、苦しんでおられてインターネット上で月末になると助けてくださいとかいう呼びかけもあるんですね。だから文化として残していかなあかんという思いと同時に、業種として成り立つような仕組みをもう一回、再構築していかないと駄目だと思っています。武士は食わねど…といえど、やっぱり食べなあかんので、食べられるような状態を作っていく。さらに、もしもお金が儲かるということになったら、そういう目的で入ってくる人がいてもいいと僕は思うんです。本来伸びてる業態ってそういうもんですから。

先輩の作家たちも応援すると激励を

――書店業界は厳しいけれど、本が好きで何かそういうことに関わりたいという人は多いわけですよね。

今村　そうです。そこの力を結集していくことが必要なんです。僕は歴史作家なのでこういうたとえをしますが、昔は大名がいてそこに領地があってという中で、毛利元就が国人たちを結集して連合を作った。そういう傘《から》連《かさ》判状みたいな感じで力を結集する。地場の他の企業や行政、あるいは、近隣の県の人といろんなところから協力して書店を盛り上げていくという形も、ひとつのやり方としてありかなと思っています。

――特に地方だと何らかの形でサポートしないと書店がどんどん厳しい状況になっていますよね。

今村　そうなんです。富山県の立山町とか、書店開業に行政が補助金を出しているところもあるんですけど、あれもすごく良い取り組みだとは思うんですが、やっぱり書店って実際動かしてみると日々のお金が大変なんで、開店後に継続して支援していくような仕組みを作らないとだめかなと思っています。

――書店が生き残る道は何なのか。今は袋小路の状態なので、何かやらなきゃいけないという気持ちは多くの人が持っていますね。

今村　そうですね。何かやらなあかんねんけど、何をしていいかもわからない。

僕がいろいろなことをやってて気づくのは、出版社の人は、営業さんとかはともかくとして、書店の現実を知らない人も多いし、書店で出版社や図書館とか取次の苦しみを知らない人も少なくない。……まあ全部一緒なんですよ。同じ出版界にいながら互いの苦しさをあんまりわかっていない。

だから同じ業界内でも出版社がどうとか取次がどうとか、いがみ合ってることが多いんですけど、とてもそんなことやってる余裕はないんで、手をつないでやっていくしかないなと思いますね。

――今のような厳しい状況の中で、今村さんのように声を大にして言ってくれる方ってすごくありがたい存在だと思います。

今村　そう言っていただけたらありがたいですし、僕は先輩の先生方とかにお叱りを受けるかなと最初思ってたんですけど、実際には「応援してる」とか「俺にできることがあったら何でもするよ」とか、北方謙三さんとかも言ってくれます。自分たちが活躍していた時代と、今の出版界は変わっているということは、先輩方もみんな気づいていて、応援してくださってるというのがありがたいですね。

（初出：月刊『創』２０２４年６月号）

●23年9月号　「加害者家族」という存在
「加害者家族」という存在　篠田博之・阿部恭子・松本麗華／映画『福田村事件』をめぐる2人の映画監督の激論／追悼！ PANTAさん／他

●10月号　ジャニーズ「性加害」告発
告発の経緯とメディアのあり方／「当事者の会」が語った性被害の実態／告発そしてこれからの自分　カウアン・オカモト／桜井昌司さんの死を悼む／植松聖死刑囚に最近起きたこと／他

●11月号　ジャニーズ問題／京アニ放火事件
なぜメディアは沈黙していたか／事務所結成時から起きていた性加害／『週刊文春』vsジャニーズの闘い／梨元勝さんが闘ったジャニーズタブー／京アニ放火殺人事件の被告が語った動機／他

●12月号　街の書店が消えてゆく
出版流通が迎えた大きな曲がり角／他
「死刑囚表現展」作品／ジャニーズ性加害問題／『太陽の子』と朝日新聞社／映画『月』と障害者問題／『NO 選挙，NO LIFE』監督／他

●24年1月号　テレビ局の徹底研究
BS改編のNHKがめざす方向／23時台アニメ枠新設の日本テレビ／報道、アニメ、ドラマとTBSの挑戦／ドラマ枠新設、フジテレビの戦略／テレビ朝日、好調のドラマと情報番組／開局60周年！テレビ東京のチャレンジ／他
『ハンチバック』の衝撃と読書バリアフリー／劇場版『ヤジと民主主義』と民主主義／他

●2月号　出版社の徹底研究
コミック・文芸好調の講談社／児童書健闘、小学館の取り組み／ジャンプブランドの強さ誇る集英社／書籍ヒット連発で新潮社の好調／デジタルシフト強める文藝春秋／マガジンハウスの広告増と挑戦／光文社のデジタル化と今後の行方
映画『月』と『ハンチバック』　植松聖手記／叶井俊太郎の末期がん余命宣告／他

月刊　つくる

創

メディア批評の総合誌

THE Tsukuru

毎月7日発売

定価●770円(税込)

【豪華連載執筆陣】！　森達也／香山リカ／雨宮処凛／佐高信／望月衣塑子／鴨志田祐美／佐藤優／マッド・アマノ／重信房子／他

創出版
TEL　03(3225)1413
FAX　03(3225)0898
URL　http://www.tsukuru.co.jp

●3月号　新聞社の徹底研究
デジタルシフト強める朝日新聞／創刊150周年 読売新聞の挑戦／毎日新聞 写真映像部門の取り組み／日本経済新聞 電子版ビジュアル強化／産経新聞デジタル化への大なた／「みんなのミカタ」掲げる東京新聞
京アニ事件「死刑判決」今西憲之／他

●4月号　広告界の徹底研究
クリエイターが語る「広告」　佐々木宏・黒須美彦・澤本嘉光・福里真一・山崎隆明・箭内道彦・権八成裕／変貌する広告会社　電通、博報堂DY
「リリアンのゆりかご」／「PERFECT DAYS」舞台裏／『セクシー田中さん』問題／他

●5月号　マンガ・アニメの変貌
集英社のジャンプブランド／講談社マンガ部門の行方／小学館のマンガをめぐる取り組み／文藝春秋・マガジンハウス・光文社・主婦と生活社・新潮社のマンガ部門／テレビ各局のアニメ事業
飯塚事件と映画『正義の行方』／他

●6月号　書店苦境に新たな動き
無書店自治体調査でわかった深刻な状況／他
読書バリアフリーに関する作家3団体の共同声明／袴田事件再審公判現場報告／ガザのジェノサイド／連合赤軍元メンバー吉野雅邦獄中手記／他

【月刊『創』購入方法】　全国書店にて毎月7日発売ですが、お近くに書店がない場合はネット書店または富士山マガジンサービス、また創出版のホームページからも注文可能です。定期購読をご希望の方は半年分4620円、1年分9240円を郵便振替などでご送金ください。振替口座は00110⑴76277、加入者名は㈲創出版。通信欄にどの号からご希望か明記お願いします。

書店の苦境に対する新たな動き

車座ヒアリング、議連総会…書店支援の様々な動き広がる

篠田博之【『創』編集長】

2024年4月17日に斎藤健・経産大臣が都内書店を訪れ、書店関係者らと車座ヒアリングを実施。翌日には書店議連総会も開催された。書店の苦境を何とかしようという動きが広がっている。

経産大臣と書店関係者の車座ヒアリング

2024年4月17日、都内の大垣書店麻布台ヒルズ店で、斎藤健・経済産業大臣と書店関係者の車座ヒアリングが行われた。書店関係の出席者は、金高堂書店（高知県）亥角《いすみ》政春社長、啓林堂書店（奈良県）林田幸一社長、久美《ひさみ》堂（東京都町田市）井之上健浩社長、大垣書店（京都府）大垣守弘会長、出版文化産業振興財団（JPIC）近藤敏貴理事長、日本書店商業組合連合会（日書連）矢幡秀治会長だった。

経産省に「文化創造基盤としての書店振興プロジェクトチーム」が立ち上がったことは既に報じられていたが、最初の目に見える活動として設けられたのがこの車座ヒアリングだ。大臣や書店関係者が車座になって意見交換したのだが、新聞・テレビを始め多くの報道陣がつめかけた（代表撮影による写真をカラーグラビアP9に掲載）。

それらマスコミの報道によって、書店をめぐる深刻な現状が多くの市民に知られるひとつのきっかけになったという点では大きな意味があったと思う。

当日は、冒頭に斎藤大臣が口火を切る形で挨拶した。集まってくれた参会者にお礼を言った後、大臣はこう切り出した。

《我々が本に出合う方法は3種類ありまして、一つは図書館ですね、もう一つはネットで知る、そしてもう一つは本屋さ

4月17日、齋藤大臣を囲んでの車座ヒアリング

んですが、それぞれ持ち味が違っています。本屋さんに行っていろんな本を見ることができる中で、ふとしたものを手にするということで視野が一気に広がったりする経験というのは、やはり本屋さんならではの持ち味ではないかと思っています。ウェブと図書館と本屋さん、この3つが持ち味を生かしながら共存する。それがベースではないかと常々思っているんですけど、その中で本屋さんだけがどんどん減っていくということでいいのでしょうか。

私は赤坂の衆議院の宿舎に平日はいるわけですけれど、ついに周辺に本屋さんは1軒もなくなってしまった。今、全国4分の1の市町村で本屋が1軒もないという、こういう事態は本当にいいのでしょうか。

経産大臣に着任したものですから、本屋さんがどんどん減っていく現状に対して何かできることがあるんじゃないか、ということでプロジェクトチームを立ち上げました。皆さんから虚心坦懐《きょしんたんかい》にいろいろお話を伺って、それで何をすべきか考えていきたい。このプロジェクトには、経産省の中でもしっかりした人たちをメンバーに揃えていますので、これから直接いろいろお話をしていただけることもあると思っています。》

プロジェクトチーム立ち上げに様々な反響

《実はこのプロジェクトチームを立ち上げてから様々なところから反響がありまして、やはり皆さん、問題意識を共有してるんだなと強く感じました。経産省がなにか政策をぽんとやれば書店がみんな元気になって…とそんな単純なものでなくて、やっぱり本を愛する多くの人たちが、国民の皆さんが、みんなで盛り上げていくことが大事だと思っています。

今日こうやってマスコミの皆さんにもたくさん来ていただいているのは、そういう意味でも非常に良い効果があるんじゃないかと期待しています。いろいろな反響をいただいた中で、なんと上川外務大臣も、このプロジェクトチームの活動に強い関心をお持ちで、本当は今日参加したかったそうですけれど、外遊と重なったために参加できないということで大変残念がっておられました。それでぜひメッセージを読んでほしいということで、お預かりしていますので、外務大臣と経

産大臣がコラボしてやるという意味で聞いていただければありがたいなと思います。》

読み上げられた外務大臣のメッセージ

続いて外務大臣のメッセージが読み上げられた（一部略）。

《本日の車座会合には出張のため参加が叶《かな》わず大変残念です。私は海外出張時には可能な限り現地の書店を訪問しています。これまで14カ国の書店を訪れました。私が海外の書店訪問を重視している理由の一つは、日本の書籍や文化がその国にどのような形で受け入れられているかを知ることができる点です。タイ、ヨルダン、韓国、ポーランド、フィンランド、オランダ、カナダ、トルコ、パナマで訪問した書店では、日本のアニメや漫画の特設コーナーがあり、また、古典から現代の作品まで、日本の書籍が幅広く並べられていました。日本の活字文化が世界で受け入れられ、評価されていることを実感しました。

書店はその国の歴史や文化、人々の関心が凝縮しており、外交推進の手がかりを得る上で大変重要な拠点です。日本においても、書店を日本文化の発信拠点、そして多文化が行き交う文化交流拠点として一層大切にしていきたいと思っております。

外務省による翻訳を通じた日本文化紹介も実績を上げており、日本の書籍および作家の海外への紹介や、日本の書籍の外国への翻訳、出版の支援などを実施しています。これからも皆様の貴重なご意見を伺いながら、様々な形で日本の書籍や書店の魅力を海外に発信していきたいと思います。本日の会合が書店振興のための有意義な機会となることを祈念いたします。

外務大臣・上川陽子》

書店や業界団体からの報告や提案

その後、書店関係者から一人ずつ、今、書店がどういう状況に置かれており、自分たちはどんな取り組みをしているかが紹介された。

例えば金高堂書店の亥角社長は、地域における書店の役割を強調、地域とのコラボレーションとして行われているイベントや図書館・学校との連携などについて説明した。

啓林堂書店の林田社長は、書店に併設された本に向き合う空間として２０２３年12月に開業した「書院ＳＨＯＩＮ」について説明。同社が考える「これからの書店の役割」を披露した。

久美堂の井之上社長は、２０２２年に鶴川駅前図書館の指定管理を受託した経験をもとに、公共図書館と地元書店の関係や改善点について語った。

大垣書店の大垣会長は、書店業界に今後求められるのは現状への補塡《ほてん》ではなく未来に向けての投資だとして、書店創業支援や書店員のリスキリング支援などの取り組みを紹介した。

ＪＰＩＣと日書連からも幾つかの提言がなされたが、ここではＪＰＩＣ近藤敏貴理事長と日書連・矢幡秀治会長の冒頭の発言を紹介しよう。

●ＪＰＩＣ近藤敏貴理事長

《ＪＰＩＣ（一般財団法人出版文化産業振興財団）理事長の近藤です。この業界には今日出席しておられる書店商業組合、それから出版社の協会、さらに私が会長をやっている取次協会があるんですけれど、それぞれ今までバラバラで何事も進まなかったというのが、実は数年前までの状況でした。ＪＰＩＣは私が理事長をしていますが、副理事長にそれぞれの団体がいるという、唯一の業界横断型の組織なんです。本当に今深刻な出版業界の問題を、それぞれの業界団体できちんと議論しようということで、いろんなことを始めています。

　書店議連との窓口もしていますが、今回、斎藤大臣に言われたのは、いろいろ支援していくけれども、その前にまず業界としてまとまりなさいよと、バラバラじゃ何もできませんよと。確かにそういう状態だったのを、今少しずつまとめつつある、そういう方向に向かっています。

　ただ、まだまだ遅れている状態で、今回の書店支援プロジェクトも、やっぱり書店さんだけではできないんですね。出版社も、我々取次も入らなきゃ駄目だという立場で、このプロジェクトをお手伝いしたいと思っています。

　私は取次のトーハンの社長と取次協会の会長もしていますが、これはいわゆる出版界の物流のインフラですから、書店支援をちゃんとやってかなきゃいけないと思っています。

　先ほど、雑誌の返品を現地で古紙化するようなインフラを作るという提案がありましたが、今、全国の書店さんの在庫を、一般顧客、それから図書館に開示をして来客を促すとか、あるいは無人書店を作る、こういった取り組みをやっています。インフラを整備することで経済産業省さんと一緒にお手伝いができればと思っていますので、よろしくお願いします。》

●日書連・矢幡秀治会長（調布市・真光書店）

《日本書店商業組合連合会会長を務めています矢幡でございます。今回のように政府の方々に話を聞いていただく機会というのはこれまでなかったことなので、画期的なことと喜んでおります。

　私も東京都調布市で書店を経営しておりますけれど、残念ながら売り上げ減少により今、縮小をしているところではあります。今日いろいろな書店さんの話を聞いて、元気をもらいつつ、これからもやっていきたいなと思っているところです。

　本当に出版界はこれまで、出版社も取次も書店もまとまって何か提案をする機会がなかった。そうしているうちにどんどん書店がなくなっていく。書店がなくなるということに対して、出版社、取次も、やっぱり書店がなくなっちゃいけない、そうでないとこの業界は成り立たないよということに気づいてくれて、それが広がった結果が今日であると思っております。

　書店がなぜ大切かというと、例えば東日本大震災の時、書店が流されてしまったわけですが、その後再び書店が開いた時に、多くの人がそこに行きました。あるいは、コロナ禍でも書店を開けているところもあって、そこにも多くの人が行きました。

図書館でも本は読めますが自分のものにはなりません。ネットでも本が買えますが、先ほど大臣がおっしゃられたように、いろいろな本に出合うことができない。我々が扱っている紙の本は、脳科学者も言ってるように、我々の頭に馴染《なじ》み、知識、知恵を作り上げていくために重要であるというのは、これはもう証明されていることです。

その大切な紙の本を書店が売っているわけで、これは単に我々の利益のためだけではない。今残っている書店は心からそう思っています。やっぱり厳しい現実がありますし、経済的にも助けていただきたい、支援していただければと思っています。》

4月18日、国会議員による書店支援の議連総会

車座ヒアリング自体は1時間で終了し、その後、大臣はマスコミの囲み取材に対応した。初めての機会なのでそこで何かが決まるということではなかったが、大臣が直接書店を訪れて関係者と意見交換することは、書店をめぐる厳しい現状に対して行政が関心を寄せていることを示すアピールになったことは間違いない。
当日の様子は新聞・テレビでも報じられたが、マスコミの取材申し込みが多かったため、写真や動画撮影などは急きょ代表取材となった。

18日には国会議員による議連総会も開催

そして翌4月18日、衆議院議員会館で「街の本屋さんを元気にして、日本の文化を守る議員連盟」の総会が開催された。この議連は、２０１７年の設立当時は約40名だったが、いまや登録議員１５０名以上という規模となった。自民党議員のみという構成や、これまで具体的な活動が外から見えなかったため、書店支援の原動力となるかについては冷ややかな見方も少なくなかったが、今回は前日に引き続いての取り組みで、挨拶に立った齋藤経産大臣を始め、熱気も感じられた。

書店業界の代表も参加し、文部科学省や文化庁などから具体的な取り組みの説明もなされるなど、意見交換や議論も交わされた。

2日間にわたる行政や政治家の取り組みは、書店界をめぐる厳しい現実について社会の関心を以前よりも高める効果はもたらしたといえよう。

全国無書店自治体調査で示された深刻な実情

ここで、その2日間の取り組みの過程でJPICが発表した「無書店自治体調査」についても言及しよう。

前回は2022年9月時点の調査データが公表され、全国に「無書店自治体」つまり書店が1軒もない市町村が26・2%に達したとして大きく報道された。今回の24年3月時点の調査データによると、無書店自治体はさらに増えて27・7%になっている。

そのこともちろん深刻なのだが、今回公表された詳しい調査データ（本書P29に掲載）で注目されるのは、無書店だけでなく1書店以下の自治体の比率が拡大していることだ。

例えば北海道は無書店自治体が前回76で無書店率が42・5%だった。今回もその数字は同じなのだが、1書店以下の自治体の比率を見ると70・9%から72・1%に上がっている。また山形県も、無書店率は31・4%と前回から変わっていないのだが、1書店以下の比率が、54・3%から57・1%に増えている。さらにこの別表全体を見て驚くのは、1書店以下の比率が60%とか70%の自治体が多いことだ。

全国の無書店率が26・2%から27・7%に増えたことも深刻だが、同時に深刻なのは、1書店以下の比率が拡大していることだ。それは今後しばらく無書店自治体の拡大が止まらないことを示している。

今回公表されたデータを子細に検討すると、全国で街の書店がいかに危機的状況に追い込まれているかがわかる。

しかし、一方で、この間、そうした現状を何とか打開しようという様々な動きも広がっている。行政や政治が書店危機に目を向け、本格的に取り組もうという姿勢を見せ始めたことは大きなことだ。

時期をほぼ同じくして、2024年4月26日、無書店になっていた富山県中新川郡立山町に、書店併設型コンビニ「ローソン立山町役場店」が開店したことが報じられた。これは「LAWSONマチの本屋さん」という取り組みで、ローソンが日販と連携して展開しているものだ。今回は地元の立山町も関わっての開店となった。こうした取り組みは既に全国で続いており、首都圏でも埼玉や川崎に店舗が展開されている。身近なコンビニに書店を併設するというアイデアだ。

本書の第2章で幾つかのケースをレポートしているが、地方において、自治体や地域住民が協同で書店を誘致する動きは全国に広がりつつある。それは地方だけでなく、例えば巻頭カラーページで紹介した書楽阿佐ヶ谷店の閉店後に八重洲ブックセンター阿佐ヶ谷店ができるという事例も、地元住民の思いに応えたものだ。今後は、地域の市民が書店を支えていくという意識が必要になってくる。そういう時代に至ったといえよう。

秋へ向けて「BOOK MEETS NEXT2024」など、いろいろな取り組みが動き始めている。書店の苦境は、出版社にとっても大きな問題だし、作家やジャーナリストにとっても他人事ではない。出版文化を守るためにも、現状を検証し、社会的議論を深める必要がある。

書店現場からの提言1

〝怪物〟アマゾンの侵食とリアル書店の反撃

福嶋 聡
【ジュンク堂書店難波店前店長】

書店業界の論客として知られるジュンク堂書店難波店の福嶋店長が出版・書店業界の現状をめぐる思いを綴った。いったい今、書店業界に何が求められているのか。

日本の出版販売総額のピークは、1996年である。それ以来、20数年にわたり、出版書店業界の売上総額は、前年割れを続けている。

1996年というターニングポイントは、説明しやすく覚えやすい。前年にインターネットへの接続を容易にしたWindows95が発売され、インターネットが多くの人に開かれていった年だからである。

インターネットの普及によって、速報性と検索の容易さが求められる情報誌の類がまず、その存在理由を失っていった。住宅情報誌では結局空き物件は見つからず、地図や旅行ガイド書もその需要を大きく減じた。前世紀の終わりには、書店店頭で旅行ガイドを見ながら携帯電話で宿泊の電話予約をする若者がいたが、今やその必要もない。スマホが全て解決してくれる。地図出版社も撤退が相次ぎ、専門取次の日本地図共販も姿を消した（2017年）。

インターネット普及は何をもたらしたか

インターネットの普及は、そうしたある範疇《はんちゅう》の出版物の駆逐《くちく》だけではなく、読者の出版物に対する見方そのものも大きく変えた。「情報は無料である」という感覚が、出版物にお金を使うことをためらわせるようになった。「ググれ」ば、ニュース、学術情報、日常的な工夫など、ほぼすべての情報が「無料」で手に入るようになった。一見「無料」に見えるそれは、利用者の個人情報と引き換えであり、それを利用した広告収入によって担保されているのだが、利用者がそのことを実感することはまずない。かつて、スポンサー広告による「無料」のテレビ放送が映画産業を直撃したように、「無料」の情報提供は、対価を取る出版物の販売に打撃を与えた。

　さらにインターネットの普及は、人びとの心性を変容させた。

「ジャパン・アズ・ナンバーワン」の勢いがまだ残っていた「平成」前期、ブロードバンドインフラ(固定網)と、「i-mode」に代表されるモバイル・インフラ（無線網）の安価な普及において、日本はIT大国アメリカを含めた他国に先んじていた。だが、そのインフラは、どのように利用されたか？　インターネット利用者の多くは、ネットで商品提供者のさまざまな価格を比較して、最安値で入手することに終始したのではなかったか？

　新聞も音楽も無料で得られるようになり、消費者に「経済合理性」をもたらしただけであるなら、日本において情報化というのは「スカだった」と言われても仕方ない。要は「ケチくさくなった」だけである、というのが、濱野智史の見立てである。

　そのことは、もがくほどに深みにハマったデフレ―平成不況にピッタリ符合する。

「ケチくさい」人たちは、「損をするかもしれない」ことを、極力回避する。投資に及び腰になる。その結果、経済は縮小し、ますます「損をする」リスクが高まる。そんなプロセスを、EUと渡り合った元ギリシア財務相ヤニス・バルファキスが「予言の自己実現」という言葉で説明している。

　世論調査によれば「今、幸福だ」という回答が若い人ほど多くなっているという事実に、大澤真幸は警鐘を鳴らす。ブラックバイト、就職難、晩婚化、パラサイト、ネットカフェ難民……。彼らが自分たちの窮状を認識していないわけがない。高度経済成長期からバブル期に至る「繁栄」を見聞きしながら、少しばかり遅く生まれてきた自分たちを「割を食った世代」と呪うことこそ、ありそうなことだ。

　それでも「今、幸福だ」と回答するのは、彼らにはいまだ多くの人生の時間が残されているにもかかわらず、その残された将来の中で、今よりも幸せになると想定できないからである。破滅へと向かう資本主義世界のその先が全く見えない、変わっていくべき先のビジョンを持てない〈不可能性の時代〉にあって、残された将来に今より幸せになると想定できない若者たちは「今が幸福だ」と言わざるを得ない、思わざるを得ないのだ。

　そうした若者たちに、本は売れない。本を買うという行為は、読書によって自己自身のレベルが、さまざまな意味でステップアップすることに期待する「自己への投資」だからだ。それは、本に対価

福嶋聡●兵庫県生まれ。82年ジュンク堂書店に入社。難波店店長を経て現在はMARUZEN&ジュンク堂梅田店勤務。著書『劇場としての書店』『書店と民主主義』など。

を払うという意味で経済的な投資であるとともに、自分の時間を使うという意味での投資でもある。必要な情報がインターネットですぐに入手できる今日、何日もかけて本を読むという行為は、「時間の無駄遣《づか》い」とも感じられているのかもしれない。

その状況をさらに亢進《こうしん》させているのが、人工知能（AI）信仰である。レイ・カーツワイルは、「シンギュラリティー」（AIがすべての能力において人間を凌《りょう》駕《が》する時）を2045年と唱えているし、時期はともかく、そうした時がいずれやって来ると考える人は多い。それに伴い、人間の仕事の9割がAIに取って代わられると予言する識者もいる。9割はともかく、半分の仕事がAIに奪われると考える論者は多い。そういう話が蔓延《まんえん》すると、さらに本は売れなくなる。キャリアアップやスキルアップのために読まれる本は、ビジネス書や資格本に限らず、多いからだ。

落合陽一や堀江貴文らは、一部の「クリエイティブ」な人間以外に仕事はなくなり、あるいは仕事をする必要もなくなり、「ベーシックインカム」などの生命維持保証制度によって生きていけばよい、と予言する。

ぼくは、こうした近未来観には、決して与《くみ》したくない。何より、そうなると本はますます売れなくなるからであるが、そうした格差社会はまた、一部エリートが信奉する「正義」が（いずれ、その「正義」をAIが決定することになるかもしれない）、社会の行き方、人間の生き方を決定することになるからだ。

だが、落合や堀江の本はよく売れている。彼らの近未来観が、多くの人に受け入れられている。そうした「時代の空気」を打破することを、特に本をつくり売る業界の人間は、喫緊《きっきん》の課題とすべきではないだろうか。

敵は出版・書店業界の内に（も）あり

こうして、インターネットは持続的・漸進《ぜんしん》的にわれわれの業界にダメージを与えてきたのだが、そのインターネットを含めたIT技術を出版・書店業界も受け入れ利用してきた。

日本の書店にPOSレジが導入された1994年というタイミングは、他業界に大きく遅れている。同じ人が同じものを繰り返し買うことはないという本という商品の特性により、POSレジの有効性に当初疑問を呈する人が多かったからだ。それでも、全産業のIT化の波の中、出版・書店業界でも、POSレジが導入された。

導入は、間違いとは言えない。書店現場の実売数は、売れている本の増刷時期、増刷量を決定するために出版社がどうしても知りたい数字であり、そのリアルタイムでの把握は、出版社にとって、そして追加注文をしたり返品時期を見定めなくてはならない書店にとっても、積年の課題であったからだ。POSレジ導入以前は、書店はスリップを分けてそれを計数することによって実売数を調べていたし、POSレジ導入の直前には、講談社は、主要書店から、毎日売れた本のスリップを（その莫大な費用を負担して）宅配便で送らせていた。その作業が、ＰＯＳレジによって実売数を集積、瞬時に把握できることによって、一気に解決したのである。そのことの有効性への期待の根底には、「他の人が読んでいる本は、自分も読みたい」という読者が多いという判断があり、それも決して間違いではない。

　ＰＯＳレジの導入、ＰＯＳデータの利用によって、出版・書店業界にも漸《ようや》く「マーケティング」が生まれた、と寿《ことほ》ぐ人もいる。かつては編集者が自らの思いで本をつくり、自分がつくった本は「読まれるべきだ」という信念のみで、市場に送り込んでいた。それが、ＰＯＳデータの利用によって、「市場が何を望んでいるか?」を基準に本を造ることができるようになった、という見立てである。

　その見立ては間違いではない。市場の動向を見ない商品の乱造は、返品と在庫の山を生み、それは出版社や書店の経営を圧迫する。両者をつなぐ取次も、市場の動向を意識した「マーケットイン」を、最近とみに提唱している。

だが、スティーブ・ジョブズが、「アメリカ市場を脅かすほどの勢いがあった日本企業が短期間で凋落《ちょうらく》した要因」として「素人同然の市場や顧客のニーズを意識しすぎた点」をあげているように、「マーケットインへの過剰な傾倒」もまた、状況を悪化させるのだ。

　本という商品は、同じものを何度も買う商品ではない。さらに、多くの読者は同じような本を繰り返し読みたいわけではない。新たな知識、想像もしなかった世界、新鮮な発見と驚きを得たくて、読者は本を読むのである。本の「マーケティング」には、「市場調査」以上に「市場創設」の意味合いが強い。

　そうした読者を相手にする出版界が「マーケットインへの過剰な傾倒」に陥り「プロダクトアウト」の姿勢を失うと、本という商品への期待が裏切られる。それなのに、ＩＴの進化とともに、業界はますます「マーケットイン」の方向へと邁進《まいしん》した。

　多くの出版社において、新刊編集会議で編集者が企画を出すと、必ず「類書の売上は、パブラインではどうなってる?」と訊かれるそうだ。「パブライン」とは、紀伊國屋書店が出版社に有償で提供しているＰＯＳデータである。

　つまり、類書の過去の売上が、新企画の採用の最大の（ひょっとしたら唯一の）判断基準になっているのだ。そうなると、時代の潮目を変える全く新しい本は生まれ得ない。そして、「同じような本」を読むことを望まない読者は、ますます本を買って読もうという意欲を失う。

　販売現場である書店でも、同様である。自店や系列店の売上データが日々集計され、その数字に踊らされる。今売れている本を切らしてはならず、できるだけ来店客の目に触れるように大きく展開して目立たせなければならない。新刊発注も、著者の過去の作品、同趣の商品の売上データに支配される。

　どこに行っても同じ本が山積みにされ、新刊を見ても新味がない。そうなると、当然読者の足は、書店から遠のく。

　嶋浩一郎は「リアルな本屋があるべきいちばんの理由は、『人間はすべての欲望を言語化できていない』ということ」だと言っている。

〝アマゾンなどのネット書店の強みを一言で表現するなら、「欲しいものが見つかる」、逆にリアル書店の強みは、「何が欲しかったのかがわかる」ということになるでしょう〟。

言語化できていないものを、キーボードを使って検索することはできない。言語化できていない（嶋によれば9割の）欲望は、本が居並ぶ空間に身をおいてこそ、気付くことができるのだ。欲望は、書店の書棚に埋め込まれた未知の世界からやって来るのである。

どこに行ってもよく知られた（すでに情報化＝言語化された）ベストセラーを目にするだけになると、嶋のいうリアル書店のアドバンテージは、なくなってしまう。そのような書店現場で、潜在意識の言語化、すなわち驚きは、生まれようがない。

そうなると、当然読者の目は、便利でお得な、ネット書店に向かう。Ａｍａｚｏｎに向かうのである。

そして、やはりAmazon

ここまで、日本の出版・書店業界の苦境の原因として、さまざまな形でのインターネットの影響を挙げてきた。だが、明らかに目に見える形で苦境をもたらしたのは、インターネットと共に生まれ、インターネットと共に成長してきた「怪物」Ａｍａｚｏｎである。

四半世紀にわたる日本の出版販売の凋落、書店が往時の半分近くにまで減ってきているのを尻目に、唯一成長しているのが「アマゾン・ジャパン」である。正確な数字の公表はないが、「アマゾン・ジャパン」の出版物売上総額は、約２０００億円と推定されている。これは、どの書店チェーンよりも大きな数字だ。今日の出版売上総額の約5分の1、扱い商品に雑誌はほとんどないから、日本の書籍の3分の1を売っている計算になる。

だが、今日のＡｍａｚｏｎの本当の脅威は、シェアのさらなる拡大だけではない。日本の出版販売の慣行を、根こそぎひっくり返そうとしていることである。

近年、Ａｍａｚｏｎは出版社に対し、しきりに直取引を勧奨している。取次経由の物流では日数がかかり過ぎて顧客満足を得られない、というのがＡｍａｚｏｎの言う第一の理由だが、利益幅の増大を狙っていることは間違いない。売り上げシェアから言って、中小の出版社はＡｍａｚｏｎの要請を無下《むげ》には断れず、条件も呑まざるを得ないことも多いだろう。

最近になってＡｍａｚｏｎは直取引＋買い取りの提案もしている。買取提案は、出版社にとって魅力である。日本の出版販売において長らく慣行であった委託制度は、いつどれだけ返品が返ってくるか分からない状況を日常化し、出版社の経営基盤を脅かしてきたからだ。

Ａｍａｚｏｎは、買い取りに際して、売れ残った商品の値引き販売を条件の一つとしているという。それは、日本の出版販売の慣行である再販制（メーカーである出版社が小売に定価販売を強制する制度）の破壊を意味する。

いつか、Ａｍａｚｏｎが再販制の破壊に

踏み込んでくることは、十分に予想できた。そもそも母国アメリカに出版物に再販制はなく、廉売によって同業他社を倒産に追い込んだり傘下に吸収するのは、Amazonがもっとも得意とする手法であったからだ。日本の再販制も、独占禁止法が例外的に認めているにすぎない。だから、出版社と小売業であるAmazonが契約を結ぶときに再販制を遵守《じゅんしゅ》しなければならない法的拘束は、どこにもないのである。

だが、そうなると、日本の書店は、これまで回避できた価格競争に巻き込まれることになる。メーカーとの条件交渉や租税回避のノウハウなど様々な手法で資本蓄積を遂げてきたAmazonに対し、本の書店に価格競争で勝ち目があるとは思えない。

今ある反撃の橋頭堡《きょうとうほ》は、Amazonがまだ日本ではリアル書店を持っていないことだ。嶋のいうリアル書店のアドバンテージを、最大限に活かすこと、書店空間を読者の欲望を生み出す場として再生していくしかない。書棚の表現性、著者のサイン会やトークショーなど、安く買うためでなく、なぜか行きたくなる場、何か発見がある場としての書店空間の創造、維持、誘惑の手法が、それぞれの書店現場のスタッフの研鑽と意欲によって工夫されていくことが、今、何よりも重要なのだと思う。

（月刊『創』２０１９年11月号の記事を改稿）

［参考文献］

・濱野智史「情報化―日本社会は情報化の夢を見るか」（『平成史』河出書房新社）
・ヤニス・バルファキス『父が娘に語る美しく、深く、壮大で、とんでもなくわかりやすい経済の話。』ダイヤモンド社
・大澤真幸『可能なる革命』太田出版
・落合陽一『デジタルネイチャー』PLANETS
・堀江貴文・落合陽一『10年後の仕事図鑑』SBクリエイティブ
・嶋浩一郎『なぜ本屋に行くとアイデアが生まれるのか』祥伝社
・横田増生『潜入ルポ amazon帝国』小学館
・小林浩「再販制再論」（『ユリイカ』２０１９年6月臨時増刊号・総特集「書店の未来」青土社）

書店現場からの提言2

書店とコミュニティ ～すべての書店は、地元の本屋である

福嶋 聡
【ジュンク堂書店難波店前店長】

コミュニティを失った地で、書店が生き残ることは難しい。「街の書店が消えてゆく」中で何とか踏みとどまるために、「すべての書店は地元の本屋である」と提唱したい。

トークイベントのテーマは「書店とコミュニティ」

縁あってぼくは、年に一度阪南大学流通学部森下信雄ゼミで、出版や書店に関わる「特別講義」を行っている。数年前、15人のゼミ生に出版や書店の現状を話してほしい、と森下准教授（当時）に頼まれ、ぼくが二つ返事でOKして始まった。

出版・書店業界の人たちは、「人は本を読むべきだ」という前提で仕事をしている人が多く、なぜそうなのかを語ったり、考えたりすることもない。そして業界全体の売上減の元凶を、人々の、特に若い人の「読書離れ」に求め、ただそれを嘆き、批判している。他業界の人たちは、自分たちがつくり売っているものがいかに素晴らしく有用なものであるかを消費者に伝えることに必死になっているのに、わが業界の人たちには、そうした姿勢が感じられないのだ。

だから、本を読むことは快楽であり有用であるということを、そう信じているぼく自身が、本を読まないと言われている若者たちに向かって訴える機会を持ちたいと思っていたのである。

「バックヤードかどこかで」という森下の依頼は即座に断り、「店内でトークイベントの形にしましょう」と提案した。15名の学生を収容できる場所がバックスペースにはないのが物理的な理由だが、ぼくにはもう一つ目論見《もくろみ》があった。学生たち以外の人にも、話を聞いてもらいた

ジュンク堂書店難波店の店内風景

かったのだ。出版社の社員や作家など本に関わる仕事をしている人たちにも「参観」してもらいたかったし、たまたま来店したお客様にも聞いてほしかった。通路横のオープンスペースで行うジュンク堂書店難波店のトークイベントでは、それが容易だったのだ。

実際、業界人も一般読者も何人か参加してくれ、大阪の出版社に勤める女性は、仕事への熱い思いを語ってくれた。

新著のトークイベントのために来阪していた作家の石橋毅史には、直接参加を依頼した。彼は快く参加してくれ、以前勤めていた出版業界紙『新文化』に、イベントの様子を書いてくれた。

〈どこまで伝わったかはわからない。こちらから見る限り、学生の表情は一様にボンヤリしていた。授業を受ける学生とは、得てしてそんなものである。だが福嶋氏は熱意を込めて果敢に語り続けた。彼らの心に何かひとつでも残そうと、資料を配り、本や書店の魅力を多角的に紹介していた。それは、最前線の現場にいる本屋の〝いま〟を象徴する姿でもあった〉。「本屋の〝いま〟」とは、「人は本を読むべきだ」という前提が崩れた本屋の「冬の時代」を言うのであろう〉（※1）

3回目の2021年（前年はコロナ禍による緊急事態宣言で休止）、森下から依頼されたテーマは「書店とコミュニティ」であった。ゼミ生たちがそのテーマでレポートするにふさわしい書店も紹介してほしい、という。

ぼくは、喜んだ。何年か前から「器の大小にかかわらず、全国チェーンも独立系も、すべての書店は、地元書店である」と提唱しているぼくにとって、「書店とコミュニティ」は、最も重要なテーマだ。店の規模や立地によってその大小や形状はさまざまだが、書店は必ず自らの商圏を持つ。その商圏内のコミュニティとの関係の強さこそ、書店の存在感の大小を決し、存続の可否を決定するからだ。

取材先にふさわしい書店もすぐに頭に浮かんだ

ゼミ生たちの取材先にふさわしい書店も、すぐにいくつか頭に浮かんだ。

まず、神戸市須磨区、山陽電鉄板宿駅前の「井戸書店」。店主の森忠延は、〝売れる「物」は何かと追いかけるのではなく「人」を追いかけていこう〟と、〝この地域に住んでいる人が何を読みたいかを考えて本を置く〟。そのために、商店街の役員を積極的に引き受け、常に皆が何に困っているのかを知り、それに応える本を仕入れる。さらに書棚を可動にし、広くない店内に30名収容のスペースをつくり、「店のメインの棚」である「人間学」の本を参加者とともに読み話し合う「大人の人間学塾」を開催、街の人が子どものマナーの問題を話しているのをヒントに始めた「子ども論語塾」は、10 0回を数えるという。コミュニティに資する地域の人々のための汲み尽くせぬ「井戸」である。（※2）

兵庫県尼崎市・JR立花駅北側の商店街の外れにある小林書店の小林由美子は、「雨の日も風の日も休むことなく誠実に働いてきた両親」が積み上げてきた店の信用を何よりも大切にしている。「お客さんが買ってよかったと思えるものだけをきちんと説明して売らなあかん」と、ひとりひとりの常連客に商品について丁寧に説明、いわゆる「企画もの」の予約を積極的に取り、時に全国でもトップレベルの成績を収めてきた。書店仲間に声をかけ、協働して予約を積み上げていくという試みも成果を収めている。「コミュニティに定着した書店」であると共に、「書店のコミュニティをつくる」書店でもある。（※3）

大阪府豊中市蛍池に、2020年6月、本も売る調剤薬局がオープンした。「薬局に本を置くことで、偶然の出会いを提供したい」と構想・開店した薬剤師の瀬迫貴士は、「人生が変わるような1ページに出合ってほしい」と、店を「ページ薬局」と名付けた。調剤を待つ間読み聞かせをする親子、薬を受け取るついでにいつも本を買っていく客を見ながら、瀬迫は手応えを感じている。思えば調剤薬局は、その地域の人が「いつも」「ずっと」ではないにせよ必ず訪れる場所であり、そこに並べられた本は、知らず知らずのうちにコミュニティに深く浸透していくに違いない。

大阪市谷町六丁目駅前の隆祥館書店の二村《ふたむら》知子は、「私たちは、書店として自信を持ってお薦めしたい本を仕入れて、責任を持ってお客様に売っていきたいのです。今後も地域のお客様にとってかけがえのない書店になるべく努力していきたいと思っています」と宣言する。

知子の父であり、先代の店主である父善明は、苦境に陥ったとき、廃業の淵に立たされている町の書店にとって、最後の望みは長年にわたって自分たちを支えてくれている「顧客」の存在だと考えていた。

共感する著者を呼び、積極的にトークイベントを打つことでも有名だ。関西電力が持つビル内の会場に小出裕章を呼んで「反原発」のトークイベントを開催した時、町会長の許に関西電力の社長室の人間が飛んできたという。「ほんで、『ああいう講演会で使われるのは困る』言いはるから、うちも言い返したんや。『それはほんまのことやんか。あんたらも一緒に聞いて勉強したらええやんか』って」と、町会長は語る。

イベントには、東京など遠方からもファンが参加する。隆祥館書店の「コミュニティ」は、「地域限定」ではない。（※4）

そして、大阪市北区堂島（当時）の

「本は人生のおやつです」の坂上《さかうえ》友紀。紙、デジタルを問わずいくつもの媒体で本や本屋の紹介をする彼女は、穏やかな空気感に満ちた根城でも、読書相談に来た人たちと時間を惜しむことなく話し、一人ひとりにあった本を紹介する。薦めた本をすべて購入して帰る人も多い。評判を聞いて次々と新しい客が訪れるというから、彼女の「カウンセリング」と選書は的確なのに違いない。満足した客は、当然常連となる。遠方から通う人もいるし、最近は若い人も少なくないという。小さな本屋から、本を介した一つのコミュニティが、確実に生まれているのだ。そのコミュニティは、もはや地域とは直接結びついていない。（※5）

意志と矜持を持った「本屋」がいる限り…

石橋毅史は、『本屋がアジアをつなぐ　自由を支える者たち』（ころから）で、アジアのコミュニティを報告している。2017年に国内の原子炉を25年までに全廃することを決めた台湾では、反核フラッグを掲げる書店が「本屋は町なかの党外人士」と誇らしげに言う。韓国では、光州のノクドゥ書店やソウルのクナリオミョンやブルムジルといった書店がいかに80年代以降の民主化運動を支えたかが、今も語り継がれている。

最後の2章で石橋がインタビューしている林榮基《リンロンチー》は、香港の銅鑼湾《コーズウェイベイ》書店時代、大陸の顧客に中国の体制批判のものも含めた本を通販で販売していた。2015年に当局に拘束され、解放時に顧客リストの提供を求められるが拒否。インタビュー後の2020年、台湾で再び書店を開く。移動しながら発信する林が形成するコミュニティは、地理的に無限定、不可視である。

「私は運動家ではない。ただの、町なかの本屋です。でも、中国の人たちに自由になってほしいと思っている本屋ではある」（林榮基）

意志と矜持を持った「本屋」がいる限り、本を触媒とし、書店を核としたコミュニティは、広がっていく。

このテーマを選んだ森下信雄自身が、今すべての商売にとって、コミュニティを創造していくことが重要だと知っていたのだ。元宝塚総支配人として、「タカラヅカ」を100年以上にわたって存続させてきたのは、底流に流れる「コミュニティビジネス」の思想だということを、知悉《ちしつ》しているからである。

〝宝塚歌劇経営にはマネージャーは存在しない。否、置く必要がないのである。なぜか？　その答えは「ファンクラブ」の存在である。劇場空間から一歩出れば、極論すれば興行主催者は「スター」の行動に関知しない。その任を担うのは「ファンクラブ」のスタッフである〟。「ファンクラブ」にとって、スターのプライベートを「独占」し、仲間内で共有することが最大のメリットだから、それを「一般に広く開示するわけはない」というわけだ。他が羨《うらや》むコストカットの手法を支えているのは、「ファンクラブ」という強靭《きょうじん》なコミュニティなのだ。（※6）

ジュンク堂書店那覇店店長の森本浩平は、『新文化』2020年9月9日号の一面に「〝県産本〟育む沖縄の出版事情」という文章を寄せ、沖縄独自の出版文化を語っている。他の県と風土が全く違うため、沖縄ではほぼすべての業界で地元企業が主となっている。

沖縄県に生まれた独自の出版コミュニティ

〝それは出版業界においても同じであり、独自の発展を遂げた書籍は「沖縄県産本」と呼ばれ、沖縄県内だけの流通で成り立っている。〟〝例えば本土で出版されるガーデニングや家庭菜園の本は春夏秋冬が違うのでまるで役に立た〟ない。冠婚葬祭のルールも県外とは違うので、それに沿った本が必要で、〝沖縄のしきたりについて書かれた『よくわかる御願ハンドブック』(ボーダーインク)は県内で14万部も売れている〟という。100社を超える出版社の本を流通させる県内取次もあり、それに書店、読者を加えて独自のコミュニティを形成している。そのコミュニティの力が、〝沖縄版・広辞苑〟『沖縄大百科事典』(沖縄タイムス社　22万円　1983年)を県内で3万部も売り上げてきたのである。

沖縄県に独自の出版コミュニティが生まれたのは、風土文化の違いだけによるのではない。森本の文章は、もう一つ重要な要因を示唆している。

〝本土の出版社が刊行する書籍に話を移すと、沖縄への運搬はすべて船便であり、基本5日遅れで入荷する〟。台風シーズンになると、波が荒れて船が欠航するから、さらに遅れることが当たり前の日常になるという。沖縄の読者も遅れることを常識的に認識していて、商品の遅れによるクレームも殆どないらしい。

「内地」の出版流通業は、雑誌の刊行日一斉発売、書籍も全国ほぼ同時発売を誇ってきた。それは、明治初期に始まった出版流通の近代化が、一気に全国に広がった鉄道網の発達と並行し、その運搬力を利用できたからである。鉄道側では出版物への割安運賃も適用した(定期的に運搬しやすい荷物がまとまった量扱える鉄道側のメリットもあったかもしれないが、初期の割安運賃が、トラック輸送が主流になっても出版輸送費を抑え、今日の出版輸送危機を招いたという指摘もある)。(※7)

だが、忘れてならないのは、そうした鉄道網の加速的な拡大は、日露戦争のための兵士輸送のための国家政策だったことだ。国内の鉄道網は、海外侵略への助走路であり、太平洋戦争中に取次を統合して出版流通を独占する日本出版配給株式会社(日配)という国策会社がつくられたことを見ても、国家権力が出版物を自らの統制下に置こうとした意図が初期の出版輸送の優遇にも垣間見えると言っても、穿《うが》ちすぎではあるまい。

敗戦後も「世界に誇る」新幹線をはじめとした鉄道網の整備は続き、それは地方の利便性ではなく、人口流出による地域コミュニティの弱体化を結果した。

海の彼方、線路の延びようのない沖縄県に、独自の出版コミュニティが発達したことは覚えておきたい。沖縄県以外にも今なお頑張っている地方出版社がいくつもあるとはいえ、総じて「本土」では、出版業の東京一極集中化が進んできた(1976年、地方出版物の流通拠点として地方・小出版流通センターが設立されたのも、地方出版が徐々に衰退していくことへの危機感の現れと言える)。近年、大手出版社や取次の支社の廃止・縮小も進んでいる。交通網の発達に続いて、業務「効率化」のためのＩＴ化がそれを求めている。

コミュニティを失った地で書店が生き残ることは難しい

だが、取次支社の店売(小売店が直接買い付けを行える倉庫)の廃止により、地方書店の客注対応は大きな支障をきたしている。地方出版社の商品を同じ地方の書店に送品するのにいったん東京に送らなければならないという「効率化のための非効率」も生じている。

出版業界に限ったことではない。多くの業界で本社機能の東京移転が進み、地方から東京への人口流出に拍車をかけた。双方向での利便を謳《うた》う鉄道網の発達は、地方→東京という一方向の流れを加速し、地域格差を亢進《こうしん》していく。「地方崩壊」があちこちで叫ばれるようになった。東京との「距離」が短くなればなるほど、東京との結びつきが強くなればなるほど、地方は弱体化していったのである。

沖縄には東京と線路をつなぐ手立てがない。海に断ち切られて出版物の到着の遅れが常態であることが、独自の出版コミュニティを生んだ。他産業でも、おそらく同様のことが起こった。

利便性や効率、スピードの追求は、コミュニティの繁栄ではなく、衰退を促す。それらを追求し、成果を回収するのが国家や大資本であるからだ。そのことに気づかず、利便性・効率・スピードに幻惑され、それらに身を委ねる者は、多くを国家や大資本に「お任せ」し、自ら動き自ら考えることを止めてしまう。そうして、国家の中心であり大資本が集中する東京に人も財も吸収され、地方は衰退し自らコミュニティを破壊していく。

コミュニティを失った地で、書店が生き残ることは難しい。本は、自ら動き自ら考える人が求める商材だからだ。「街の書店が消えてゆく」中で何とか踏みとどまるために、「すべての書店は地元の本屋である」と提唱するのは、それゆえである。

(月刊『創』２０２１年12月号の記事を改稿)

※1『新文化』２０１８年7月19日号「本を読まない社会と対峙する本屋」

※2『ほんまに』vol.20「特集　本を売る」(くとうてん)

※3『仕事で大切なことはすべて尼崎の小さな本屋で学んだ』(川上徹也　ポプラ社)

※4『13坪の本屋の奇跡』(木村元彦　ころから)

※5「本は人生のおやつです!!」は、２０２１年12月に、兵庫県朝来市に移転(朝来でのオープンは、22年春)。場所を移しても、「本おや」コミュニティは健在だ。

※6『宝塚歌劇団の経営学』(森下信雄　東洋経済新報社)

※7『新文化』２０２１年7月1日号岩野裕一「〝物流協力〟はイノベーションで」

書店「苦境」の歴史的背景

書店と図書館をめぐる経緯と読者という立場

清田義昭【出版ニュース社元代表】

出版の自由は出版流通の自由が保障されなければあり得ない。本は読者に届けられて初めて存在理由がある。それゆえに書店や図書館をめぐる問題はとても重要だ。

2019年まで長年『出版ニュース』の編集長を務めてきた清田義昭さんの持論は「出版の自由は出版流通の自由があってこそ成り立つ」というものだ。今回、書店をめぐる危機の歴史的背景や問題点についてうかがった。（編集部）

書店は読者と接する最前線

出版社――取次――書店という産業構造から言えば、書店は読者と接する最前線です。だから書店をきちんと見ていけば、その背後にある取次や出版社、さらには著者も見えてきます。

書店というのは、他の商品と違う「出版物」を扱っているところなんですね。再販制度という基本的な仕組みがあって、出版物は定価販売という他の商品と違う形で売られています。読者の立場からすれば、どこでも同じ値段で買えるという安心感があるわけですし、扱われているのが文化であり、その質を保つことが先にあげた3者にも著者にも常に問われている。それを考えた時に、読者が接触する書店の実態がどうかというのを知ることは、とても大事なことだと思います。

昔は、本や雑誌を書店に並べておけば売れるという時代が高度経済成長期にありました。戦後ずっと、書店は右肩上がりで、産業的にも伸びてきたわけです。

そういう伸びている時代は良かったのですが、それが大きく変化したのは、1990年代半ば、Windows 95が出てきてからでした。95年にそれが登場した翌年の96年が出版業界の売り上げのピークです。97年以降は年を追うごとに、右肩下がりになっていきました。パソコンからさらにSNSの時代になって、それは加速しています。

そのことで顕著になったのは、本離れ、特に雑誌離れです。情報は、多くの人がネットで見るようになりました。その間、書店の状況はどうだったかというと、街の書店は、基本的には雑誌とコミックと文庫と新書、それから一部のベストセラーで成り立っています。売り場の70％がそれで占められていました。そこにネットの影響で雑誌離れが進み、出版業界の売り上げも落ちていったわけです。

いまや講談社、小学館、集英社といった大手出版社はコミックの売り上げで成り立っていますが、そのコミックもデジタルで読まれるようになっています。そうした大きな変化のなかで、街の小さな書店が潰《つぶ》れていっているわけですね。

そういう流れの中で書店が何をやったかというと、書店の複合化です。文房具とか出版関連商品を売る。

そうした中で、２０００年にアマゾンが進出してきました。当初は、この業界は結束も強いし、再販制度があるので大丈夫ということで、アマゾンの影響を軽視していました。ところが、実態はどうだったか。アマゾンはネットを通じた直販で、なおかつアメリカ的な考え方でポイント還元をする。これは基本的に日本の再販制度からすれば違反なんです。ところが２０００年代になると、ポイントによる読者サービスという方法が社会的に広がっていきます。アマゾンは業界からいろいろな批判があっても売り上げを伸ばしていきます。リアル書店にもいろいろな影響を与えていくのです。

それに対して書店がどう対応していったかといえば、書店のマージンは現在、定価の22％ぐらいですが、30％へのマージンアップを要請していきました。それをどこがかぶるのか。出版社自体、90年代半ばをピークに売り上げが落ちているので、対応できない状況です。

そういう経緯がある中で、図書館の民営化とともに積極的に動いたのが、図書館流通センター（ＴＲＣ）でした。ＴＲＣは独自のＴＲＣマークという書誌情報を持っていて、その書誌情報と現物を一緒に図書館に納入するという形で、図書館界にどんどん参入していきました。

その動きが、地元の書店の圧迫に繋がっていったのです。それまでは地域の書店が学校や図書館に納入していたところへ、ＴＲＣが参入していきました。

書店と図書館をめぐる様々な議論

２０００年の段階だと日本書店商業組合連合会（日書連）加入の書店が1万5０００くらいあったのですが、２０１０年頃には６０００店まで落ちた。今どうなったかというと、２５００店です。書店組合に加入している書店がどんどん減っています。

清田義昭●１９４３年生まれ。67年出版ニュース社に入社、91年より代表。２０１９年まで『出版ニュース』編集長のほか『出版年鑑』『日本の出版社』などの発行に携わった。

書店経営実態調査という10年ごとに発表されている調査データの２０１６年度版で、書店経営者の声として、書店が疲弊した原因が３つ挙げられています。１つは読者のデジタルへのシフトで本が売れなくなった。２つ目はアマゾンの参入、そして３つ目がＴＲＣの参入です。ＴＲＣが参入して、図書館納入をめぐって競争するわけですね。書店組合の中でもＴＲＣに対して「お任せします」と言って、その代わりに３％から５％のペーパーマージンを求める。そういうことが全国的に行われていったのです。

それについては、日書連の中でも、評価する人たちと批判する人たちとに分かれます。その実態については、知っていても言わない。そういう背景の中で、書店が減っていっているわけです。

再販制度について言えば、２００１年に公正取引委員会（公取委）が再販制度は継続すると決めたんですが、これは大変大きなことでした。今は再販制度についてほとんど議論されませんが、これは書店組合からすると、書店マージンは30％なければやっていけない、しかし現実にはそれが難しいということで、議論が進まないのです。再販制度継続のためにはアマゾンのポイントサービスはおかしい、何とかしてほしいということやＴＲＣの図書館への参入などについてもあまり強く言えないのですね。こういう背景は、読者の側には見えないのですが、書店がどんどん潰れていっている現実とか、いろんなところに表れてきています。

書店というのはもともとマージンが少ないので正規社員をあまり雇わずにパートやアルバイトで成り立っています。最低賃金ですよ。ギリギリのところでやっているから、しょっちゅう書店員がやめてしまう。書店員がなかなか育たないという現実があります。これは構造的な問題で、高度経済成長のいい時代でも書店員の報酬は低かったですね。それでもなぜ書店にスタッフがいるかというと、本を扱うきれいな仕事だし、本が好きな人にとっては楽しい仕事だからです。

それは書店だけでなく図書館も同じで、最低賃金で働いている人がたくさんいます。図書館の非正規比率は76％で、その多くが女性です。ＴＲＣも今、職員が９０００人くらいいると言われますが、こちらも低賃金ですね。だからしょっちゅう人が出入りするし、なかなか人が育たない。非正規と正規の格差が大きいというのは本質的問題で、これは書店にも図書館にもあてはまります。

２０２４年4月にＪＰＩＣ（出版文化産業振興財団）が「書店・図書館等の連携による読書活動の推進について～書店・図書館等関係者における対話のまとめ～」というのを公表しましたが、その中でも、そういう非正規問題といったことを抜きに議論しているという印象を受けました。書店と図書館が対立するのでなく対話していこうという、それ自体は大事なことですけれど、それをやるのであれば、再販制度をめぐる議論なども必要だと思います。

ほとんどなくなった再販制度めぐる議論

再販制度についての議論が今ほとんど

なくなってしまったと言いましたが、歴史的に見れば、ドイツもフランスも定価販売、韓国もそうですよ。一方でアメリカは最初から定価販売をしない世界です。フランスは独自にアマゾンに対しては送料無料というのはおかしいんじゃないかということでアマゾン法を作って牽制《けんせい》しているわけです。

今は書籍の電子販売が盛んになっていて、デジタルについては再販制度は適用されていません。１９８０年に議論の末に新しい再販制度ができたのですが、公取委は、出版物は有体物であるがデジタルは無体物なので再販制度は認めないということにしたのですね。

出版界のいろいろな論者の中でも今、再販制度については意見が分かれているのが現実です。私は、再販制度というのは著者にとっても、出版社にとっても、取次や書店、そして読者にとっても基本的なものとして大事だという考え方ですが、それも含めて議論自体が今、ほとんどないのが現実です。

そのひとつの契機は、２０００年代に入ってからブックオフが出てきて、新刊書に近いようなものが安い値段で買えるようになったことです。それから新刊書店も古書コーナーを作って、安い値段で本を売ったりしています。そういうふうに新刊書店と古書店の区別が曖昧《あいまい》な書店も出てきているわけですね。

そういうなかでも自分の意思で自分が売りたい本を売っていくという人たちが、10年ぐらい前から独立系書店というのを開店させています。私は良いと思っていますが、この動きが出版業界全体の課題解決に対する意識を盛り上げているかというと必ずしもそうとはいえません。ただ、厳しい書店状況の中で、象徴的な意味合いとして話題になり、マスコミが取り上げることも増えています。さらにそうした動きの一つとしてシェア型書店も最近、話題になっていますね。

さきほど話に出た図書館の問題については、例えば指定管理の問題についても少しずつ見直しの機運が出てきています。安倍政権時代の新自由主義についてはいろいろな面で見直されていますよね。

私は図書館に対する政策として今、国がやるべきことは図書館予算を大幅に増やすことだと思います。図書館の資料購入費として２０００億とか３０００億円のレベルでお金を出す。そうすれば図書館ももっと書店から本を購入できます。

民主党政権時代に、鳥取県知事から総務大臣になった片山善博さんが就任してすぐ「光をそそぐ交付金」ということで１０００億円を出しました。図書館だけの交付金ではなかったですが、私は国がやるべきこととはそういうことではないかと思います。

『出版ニュース』をやっていた頃からいつも言っていたのですが、出版の自由というのは出版流通の自由が保障されなければあり得ない。本は読者に届けられて初めて存在理由があるということです。だから書店や図書館をめぐる問題はとても重要です。

それも読者の立場から考えることが重要で、出版流通の問題を考えるうえでも、読者の声をもっと聞いて、それを反映させるべきだと思いますね。（談）

八重洲ブックセンター、三省堂、紀伊國屋書店…

営業終了や建て替えなど、大型書店が迎えた時代の区切り

篠田博之【『創』編集長】

八重洲ブックセンター本店が八重洲地区再開発のために営業終了。三省堂書店神保町本店は建て替えで仮店舗営業、そして紀伊國屋書店新宿本店は大改装を行った。いま大型書店はどうなっているのか。

本書は街の書店の現状を考えるのがテーマだが、本稿で取り上げる全国チェーンの大型書店も本店以外の店舗は街の書店と同じだし、そもそも大型書店自体が時代の影響を大きく受けつつある。代表的な大型書店が2022年前後に相次いで建て替えなどを行ったことも、その歴史がひとつの区切りを迎えたことを反映していると言えよう。八重洲ブックセンター、三省堂書店、紀伊國屋書店の現状について、ここで取り上げておきたい。

大型書店で相次いだ移転や建て替え

2023年3月31日、東京駅前の八重洲ブックセンター本店にはたくさんの人が足を運んでいた。44年間続いた同店がその日、営業終了したのだった。

営業終了といっても、廃業ではない。東京駅前の大規模再開発に伴うビルの建て替えで、いったん店じまいするのだが、2028年度に竣工《しゅんこう》する巨大複合ビルへの出店が発表されていた。つまりビルの建て替えのために5年間、お休みするというわけだ。

しかし、各地で書店が姿を消しているという状況があるために、不安を感じた人も少なくなかったようだ。1階の店内中央の柱に、作家たちが寄せ書きしたものを見ると、川上未映子さんは「ありがとうございました!! すぐ帰ってきてね!!」だ（P10カラーグラビア参照）。

2階には訪れた市民が書いたメッセー

2023年3月31日、八重洲ブックセンター本店営業終了

ジがボードに掲げられていた。そこにも、早く、必ず帰ってきてほしいという声が少なくなかった。

その営業終了の半年前、２０２２年９月に同店では「八重洲ブックセンター創業祭」が開催された。９月18日の創業記念日前後に毎年開催してきたものだが、この年は例年とは趣を異にしていた。半年後の営業終了が発表されていたためだ。「『本との出会い』44年間の感謝を込めて」と掲げられていたことからもわかるように、その年の創業祭は、同店舗の44年の歴史を振り返るという企画になっていた。創業を報じた過去の新聞記事なども掲示されていた。

時を同じくして、三省堂書店神保町本店や紀伊國屋書店新宿本店でも建て替えが行われ、三省堂書店の場合は、近くに仮店舗を開設した。

巨大ビルの１棟丸ごと書店ということでは八重洲ブックセンター本店と同じ三省堂書店神保町本店だが、オープンしたのは１９８１年。ちなみに八重洲ブックセンターは１９７８年だ。歴史はさらに古い紀伊國屋書店も新宿本店の建て替えを行っており、日本における大型書店がひとつの区切りの時期に至ったことを思わせる。

もちろんたまたま建て替えの話が出ているといっても、背景や事情はそれぞれ異なる。八重洲ブックセンター本店の場合は、八重洲地区の大規模再開発の話が２０１０年代から出ていたという。八重洲地区には２０２８年度に43階建ての巨大な複合ビルの竣工が予定されており、八重洲ブックセンター本店もその複合ビルの中に新たに出店することを計画している。

これら大型書店の建て替えは、それらが創業して一定の期間を経たという、歴史の一端を示してもいた。それが、街の書店が姿を消してゆくという時期と重なったのは偶然ではないかもしれない。

それぞれ固有の事情があるのはもちろんだが、書店をめぐる環境の変化を含めて、大型書店に話を聞いた。

最後の「創業祭」から半年、最後は大きな〝花火〟を…

２０２２年９月17日から30日まで行われた「八重洲ブックセンター創業祭」の真っ最中に本店を訪れて話を聞いた。

「おかげさまでお客様からはツイッター（現在はX）でも来店された方からもたくさんの惜しむ声をいただいています。これだけの大型書店というのは、創業当時大きなインパクトだったようで、小さい頃、ご両親に連れてきてもらったことをいまだに覚えていますとおっしゃる方もいました」

そう語るのは、2022年当時総店長だった佐藤広人営業部長だ。

八重洲ブックセンター本店の開業は前述のように1978年。750坪の日本一大きな書店で100万冊の在庫を有し、ここにない本はないという触れ込みだった。もともと鹿島建設会長・鹿島守之助氏(故人)の「どんな本でもすぐ手に入るような書店が欲しい」という意向で創られたもので、その遺志はずっと受け継がれている。2016年に取次のトーハンが株式の49%を取得し資本業務提携を行い、2022年当時の山﨑厚男社長はその時に就任したトーハン出身者だった(2023年に現在の佐藤和博社長に交代)。

創業祭は1階を中心に各フロアで様々な取り組みがなされたのだが、各階のエスカレーターを降りた場所に、創業について振り返ったパネルが展示されていた。2階のパネルには、創業時に地域の書店などから出店反対の声が上がり、巨大なビルのうちの書店のスペースを減らした経緯を報じた当時の新聞記事が掲示されていた。八重洲ブックセンターは日本における大型書店の代表として、当時、大きな話題になったのだった。

「(2028年度以降)どういう形になるかはまだ決まっていないのですが、多くの人に本との出合いを提供しようという創業時のコンセプトは変わらないのではないかと思います。どんなに時代が変わっても、大型書店が必要であることは同じで、あらゆる専門書を揃えるという方針は続けることになると思います」(佐藤総店長)

八重洲ブックセンターは1200坪を擁する本店に次いで330坪の横浜の京急上大岡店が大きな店舗で、他に都内だけでなく近郊を含め、150坪ほどの店舗が幾つもある。本店の営業終了後には基幹店となる京急上大岡店は、コロナ禍においては本店をしのぐ売り上げを誇っていたという。

「本店に比べて京急上大岡店は児童書やコミックの比率が高いのです。コロナ禍でむしろ売り上げを伸ばしたのではないでしょうか。本店は残念ながらコロナ禍による痛手は大きかったですね」(同)

取材に同席した、2022年当時の内田俊明営業部マネジャーが補足する。

「コロナ禍においては、旅行なし、出張なし、外国人観光客もいまだに戻っていないでしょう。東京駅の近くという本店は、新宿や渋谷など他のターミナル地区以上にコロナの影響を受けました。ビジネスマンのテレワークも定着してしまいましたしね」

業界紙「文化通信」9月13日号のインタビューで当時の山﨑社長も「コロナの影響は本店が特に大きかったです」と語っていた。「今でもコロナ前に比べて5~6割の水準です。本店の占める売上がだんだん減っています。昔は全体の半分近くありましたが、相対的にシュリンクしています」

創業祭から約半年、3月の営業終了へ向けて、本店では作家のトーク&サイン会など様々なイベントを展開した。山﨑社長は「最後は大きな花火をあげて皆さんに惜しまれるようなクロージングにし

メッセージボードにはたくさんの言葉が…

たい」と語っていた。冒頭に紹介した最終日の盛り上がりを見れば、その思いは実現したと言えるのではないだろうか。

文具や雑貨売り場の併設など様々な対応

紙から電子へ、さらに紙の本もアマゾンなどのネット書店の急伸長の影響を受けるという書店界全体の構造的変化が進んでいる。この何年か、街の書店の閉店が相次ぎ、大きな社会問題になりつつある。読者にすれば近くに書店が1軒もない街が増えており、書店店頭で雑誌を見比べたり、新しい本と出合うという楽しみが失われつつある。

街の書店の閉店は加速しており、八重洲ブックセンター本店の営業終了のニュースも、そういう流れの中でドキッとしながら眺めた人も多かったのではないだろうか。

書店を取り巻く環境の厳しさが増す中で、その対策として、近年、文具や雑貨の売り場を併設するところが増えた。書店の集客力を生かして文具や雑貨を買ってもらうという戦略だ。八重洲ブックセンター本店もコロナ禍の中で2020年には1階にドトールコーヒーショップが、21年には地下に100円ショップ「ワッツ」が開店した。書店スペースが相対的に減っていたわけだ。

こうした時代の変化への対応について、前出の「文化通信」のインタビューで山崎社長はこう語っていた。

「今、書店は本を売ったり、買ったりするだけの場所としてはビジネスとして厳しい。カフェをやったり他業種と組んだりは当然必要です」

「これまではどちらかと言うと書店は本を売ることが主体でした。イベントや異業種導入はおまけでしたが、これからは本を売ることと対等な関係で展開しないといけません」

三省堂書店神保町本店は建て替えで仮店舗営業

「いったん、しおりを挟みます。」

神田神保町の三省堂書店本店ビルに、そう書かれたしおりを模した懸垂《けんすい》幕が掛けられ大きな話題になった（P11カラーグラビア参照）。2022年5月8日をもって三省堂書店神保町本店は建て替えのために近くの仮店舗に移ることになった。そのお知らせを兼ねて掲げられたのがその幕だった。

同じデザインのしおりも来店客に配布されたが、その裏にはこう書かれていた。

「あたらしい出会いをくれる場所。つま

らない毎日から抜け出せる場所。待ち合わせにちょうどいい場所。世界のかたちが見える場所。それぞれにとって意味があり、それぞれにとって心地いい。書店は、そんな場所だと思います。

100年先も、200年先も、書店という文化を残していきたい。神保町本店はこの度、建て替えのため、一時閉店いたします。未来に書店を残すため、現状維持よりも、挑戦を選びます。もっとたくさんの人が、本と出会い、本を楽しめる場所に、生まれ変わってみせる。神保町本店の第二章に、どうぞご期待ください」

書店の意義をアピールした良い文章だった。

三省堂書店自体は2021年に創業140周年を迎えた老舗だ。その100周年記念事業として建てられたのが現在の神保町本店だという。それから41年。建て替えることになったのはビルの老朽化のためだという。

「建物自体はそうでもなかったのですが、水周りやエレベーター、エスカレーターなどに老朽化の影響が出ていたので、思い切ってビル全体を新しくしようということになったのです」

そう語るのは神保町本店で店長を務めていた杉本佳文・営業推進部長だ。6月1日から徒歩5分ほどの小川町に仮店舗がオープンしたが、そこの店長は別の方がされている。

前の本店の建物は解体工事が始まって以降、囲いに覆われたが、屋上の「辞書は三省堂」というネオンサインはそのまま残された。JRの御茶ノ水駅から坂をくだってくるとこのネオンサインが見えるのだが、まさにこの書店は本の街・神保町のシンボルだった。

三省堂書店は全国各地にあわせて20店舗以上を展開しているが、店舗は駅の近くが多い。

「駅前に専門書を揃えた総合書店をというのがコンセプトです。書店をめぐる環境が厳しくなってきて、専門書を扱う書店が減り、専門書は大型書店に集中する傾向にあります。専門書はネット書店で買う人が増えているのですね。

2025年に再開した時に具体的にどういう形になるかはまだ発表されていません。書店全体が厳しくなっている状況の中で、三省堂書店も電子書籍の販売には比較的早く取り組みましたし、文具や雑貨の販売も行ってきました。雑貨は利益率が高いし、取次さんが扱うようになったため、扱う書店が増えているのだと思います。

総合書店を続けていくという方針は変わりませんが、時代の変化に対応してどんなふうに新しい書店を作っていくかはこれからも検討を重ねていくのだと思います。

三省堂書店はブックライブと提携して電子書籍販売を行っていますが、電子との闘い、いや共存できるところは共存するという関係をどう築いていくかは大きな課題ですね。

これまでもいろいろな対応を進めてきましたが、例えばSNSを集客に活用することもそのひとつで、コアなお客さんにピンポイントでアピールを行うといったことにも力を入れています」(杉本部長)

三省堂神保町本店仮店舗

書店界の構造的変化にどう対応するのか

長い間利用してきてくれたお客様のために店を閉じずに近くに仮店舗を設けるというのは、近くに空く予定の建物が見つかったことで実現した。前の神保町本店は1000坪だったのに対して仮店舗は300坪だが、前店舗のフロア構成は基本的に仮店舗でも引き継ぎ、そのまま残したという。

「もちろん本の数は減っていますが基本的にフルジャンルで、医学書までしっかりと置いています。これまで長く利用していただいたお客様にはこの3年間もおいでいただきたいという考えですね。前のお店から徒歩5分で近いし、恐らく客層は大きくは変わっていないと思います。

ただ近いと言っても周囲にオフィスが増えたとか違いはあるようで、お昼のビジネスマンが少し増えたかもしれません。それと前の本店の1000坪という大きさゆえにお越しいただいた方の中には、もしかしたら足が遠のく方もいるかもしれません」(同)

書店界を取り巻く構造的変化に加え、コロナ禍という難しい局面にも直面した。どう対応するかは、書店を続けるうえでは大事な問題だ。

「コロナ禍のなかで、最初は巣ごもり需要と言われて児童書やドリルが売れたり、都心から郊外店にお客が流れたりといった傾向がありましたが、今はそれも2回りくらいした感じですね。

リモートで仕事をするといった生活が定着しつつあるし、書店に足を運んでくださる方が減ったのは確かです。ただ神保町は本の街ということもあって、本を買うために訪れる方も多い。それはほかのターミナル駅前の大型書店との違いかもしれません。

今後も書店を続けていくにはどうしたらよいのか、状況はさらに厳しくなっているようですし、残るべき書店が残っていくことになるのでしょうね」(同)

改装のコンセプトは「紀伊國屋で待ち合わせ」

紀伊國屋書店新宿本店は2019年夏から改装を行っていた。竣工から約58年経った東京都選定歴史的建造物の紀伊國屋ビルを末永く使い続けるために、耐震補強工事と売場改装工事を実施したのだ。八重洲ブックセンターや三省堂書店神保町本店のように建て替えに伴う一時閉館や仮店舗への移転ではなく、フロア単位で売場を移動させながら耐震補強工事と改装工事を行うやり方だ。例えば1階の雑誌売場は、工事中は地下1階に移り、それが終わるとまた1階に戻る、そういう作業をフロアごとに行ったのだ。目的の一つは、売場撤収や縮小による大量の返品を回避することである。

その改装が終わって全フロアリニューアルオープンしたのは、2023年1月2日だった。どういうコンセプトでどう変わったのか。改装終盤の2022年10月に、藤則幸男取締役副社長（当時。現・代表取締役社長）と星真一新宿本店長に話を聞いた。

「1階はデザイン性を重視しました。どこからでも入りやすくアクセスも良くなったし、インフォメーションカウンターも設けました」

そう語るのは、当時の藤則副社長だ。

「何よりも正面の柱サイネージが多くの人の目を引くと思います。信号待ちをしている人にも目に入るし、インパクトが大きいと思います。そこに売上ベスト商品や新刊案内、あるいは海外出版情報なども配信していきたいと思っています」

8階に入っていたディスクユニオンが隣のビルに移った後を改装し、別館のアドホックビルからコミックとDVDを移設することで一連の改装が完了する予定です」

星店長が続けてこう語る。

「紀伊國屋書店は2027年に100周年を迎えるのですが、それへ向けて全社で様々な取り組みを行う予定です。新宿本店改装のプロジェクトは海外店のメンバーも含めてオンラインで会議をしながら進めましたが、コンセプトは『紀伊國屋で待ち合わせ』です。新宿本店も梅田本店も昔から待ち合わせの場所として親しまれてきましたが、それを改めて意識した書店づくりをしたいと思っています。新設した新宿本店正面の柱サイネージは街の中でもかなり目立つものですし、1階は売場と広場・通路がガラスで仕切られていたところを開放して街の中からシームレスにつながっていけるようにしました」

そのサイネージなどだけでなく耐震工事で売場にできた大きな壁にデザインを施すことで違和感なく売場間を移動できるようにするなど、様々なアイデアが改装後いろいろなところに駆使されている。

国内、海外ともに100店舗に拡大

さて改装の話も興味深いのだが、取材の大きなポイントは、今のように書店を取り巻く厳しい環境の下、書店がどんどん減っていくなかで、紀伊國屋書店は逆に海外を含めて店舗を拡大すると宣言していたことだ。いったいどういう見通しでそれを達成しようとしているのだろうか。藤則副社長がこう話した。

「紀伊國屋書店100周年をめざして、100というキーワードでいろいろな取り組みをしようと、海外を含めて若手メンバーが集まり、10のテーマでプロジェクトを進めてきました。

書店は今後どうあるべきなのか、紀伊國屋書店は100周年に向けて何をすべきか、そういうテーマでディスカッションをしてきたのですが、その中で紀伊國屋書店が打ち出しているのは、国内100店舗、海外100店舗に店舗を拡大したい。また国際人100人ということで、海外店舗に人も派遣していきたいと考え

違和感なく売り場間を移動できるよう耐震壁にデザインを

ています。

既に公表されているように、書店の数がこの20年で半減し、10年間で3割減になっています。街の本屋さんが、家業をお子さんに継がせることができずに廃業に追い込まれているわけですね。そんなふうに本屋さんが減っていく現状を、私たちは看過できないと考えています」

書店数がどんどん減っていくのを看過できないとして店舗を拡大したいというのだ。これは紀伊國屋書店の意思の表れだろう。ちなみに２０２２年時点の店舗数は国内68店舗、海外39店舗。22年11月にはフィリピンへの初出店も行われた。星店長がこう話す。

「海外39店舗を5年後に１００店舗にということですが、海外は売り上げが今非常に順調に伸びており、可能性は高くなってきています。好調のアメリカだと対前年倍増といった伸びです。私たち国内店舗のスタッフもよく『海外を見習え』と言われています。

海外の店舗は日系人の多いサンフランシスコの紀伊國屋書店が第1号店なのですが、今や海外の多くの都市に出店し、日系人向けというよりも現地の人たちに向けた書店となっています。私もかつて2年間、シンガポール店で働いていました。日本人のスタッフが現地へ行き、そこで現地の人と一緒に書店を運営しています」

藤則副社長がこう補足した。

「海外店といっても日本語の本だけを売るための店舗でなく、和書は多くても2割ほど。あとは英文書や現地語の本が8割です。紀伊國屋書店はサンフランシスコに出店したのが１９６９年で、国内、外商、そして海外を3本柱と位置付けてきました。海外でも、日本と同様、地元の大学や図書館などへの販売、いわゆる外商も売上を伸ばしてきています」

店舗拡大を打ち出している紀伊國屋書店だが、書店をめぐる環境が厳しさを増している中で今後どういう方向をめざすのか。藤則副社長がこう語った。

「国内店舗が厳しい状況に置かれているのは紀伊國屋書店も同じで、書店によっては雑貨や文具などの販売も行うなどいろいろな試みがなされていますが、本そのものを売っていくことがやはり基本だと思っています。紀伊國屋書店に行けば必要な本が揃っているという、そういうお店にしたいという考え方は変わらないし、そのうえでどうやってファンを増やしていくか、イベントなども含めていろいろな仕掛けもしていかなくてはいけないと思っています」

本に触れるタッチポイントを増やす取り組み

別稿で詳しく紹介したが、２０２２年

から、秋の読書推進月間（10～11月）に、書店界だけでなく出版社や取次を含めて「本との新しい出会い、はじまる。BOOK MEETS NEXT」というキャンペーンが展開されている。紀伊國屋書店の高井昌史代表取締役会長兼社長（当時。現・代表取締役会長）が実行委員長を務めていることもあって、紀伊國屋書店も力を入れており、2022年以降、オープニングイベントとして紀伊國屋ホールで作家らの講演や対談が開催された。

　このキャンペーンも、書店に多くの人に足を運んでもらうための試みなのだが、新宿本店のリニューアルが100周年へ向けて「紀伊國屋で待ち合わせ」というコンセプトを掲げているように、多くの人に来てもらうための取り組みは改装を機にさらに強化されているようだ。

その日に発売された新刊を積み上げるブックウォール

「リアルな本屋ならではの仕掛けをしようと、例えば2階のブックウォールというコーナーに『今日の新刊』『昨日の新刊』というプレートをつけてその日に発売された新刊を横積みに積み上げています。毎日どのくらい多くの本が発売されているか実感していただこうという試みです。新刊を時計の形に展示しているブッククロックも人気のコーナーです」（星店長）

　2022年11月10日には3階にアカデミック・ラウンジという新しいスペースをオープンさせた。

「これは、当社営業総本部と連携して、外商のお客様を対象に、デジタル商材や電子書籍などをプレゼンしたり体験するコーナーですね。公費を使った学生さんによるブックハンティング（選書ツアー）が今盛んになりつつありますが、選んできた本を集めてプレゼンする場としても使えるし、自分が選んだ本のPOPを作る作業を体験できるようなことも考えています。

　いまブックハンティングが増えており年に100件を超えるペースになりつつありますが、大学だけでなく中学や高校も含めて、紀伊國屋書店の側から学校に働きかけも行っています。学校と協働して書店の空間を使ったイベントをできないかといったことも検討しています。また、図書館受託は以前より行ってきましたが、最近では図書館と書店を合体させた施設をつくる取り組みもしています。熊本県の荒尾市では実際に『図書館＋書店プロジェクト』というのを推進しています。

　要は、本に触れるタッチポイントを増やそうという取り組みです。本に接する機会を増やして読書人口を増やしていこうということですね」（藤則副社長）

　街の書店が次々と閉店していく状況下で、大型商店といえど安泰とはいかない。いろいろな工夫と努力を重ねないと書店が生き残っていけない時代だが、この状況はこれからどうなっていくのだろうか。

（月刊『創』2022年11月号、12月号の記事を改稿）

第2章

各地の街の書店を訪ねて

2018年、惜しまれながら閉店した幸福書房（撮影：長岡義幸）

街の書店の現状は……

苦境の中で模索する街の書店の独自の取り組み

厳しい状況の中でも、果敢な挑戦によって実績を上げる書店や様々な取り組みで安定的な売上げを確保している書店もある。各地の街の書店を取材し、その現状を報告した。

長岡義幸【インディペンデント記者】

街の書店をめぐる環境は、坂道を転げ落ちるかのように厳しさを増す。ネット書店や電子書店の隆盛によってリアル書店の居場所は狭まるばかりだ。本を読む時間よりもスマートフォンの画面を見る時間の方が長くなるなど時間の取り合いに負け、書籍・雑誌の購入者自体が急減してしまった。

書店主のなかには、「もう打つ手がない」と諦念《ていねん》する人もいる。

だが、なかには果敢な挑戦によって、実績を上げる既存書店もあれば、従来からのやり方をベースに、さまざまな取り組みによって安定的な売上げを確保している書店もある。

そもそも出版産業の最盛期である1996年の時点で存在していた書店のうち、既に7～8割になるであろう2万店前後の書店が閉店してしまったと思われる。20年前、30年前から営業している書店が近所にあるというのは、大げさに表現すれば奇跡的といってもいいのだ。

そんな、大手総合取次と取引して商品を仕入れて販売する従来型の街の書店を中心に、特徴的な店を挙げてみたい。

何度かの危機を乗り越えて丸山書房の今

東京近郊の西武新宿線東久米川駅前で営業する**丸山書房**（東村山市）は、1965年に創業した。先代が定年退職後に書店を始めようと駅前に確保していた土地で開業したという。80年代に西武新宿

何度かの危機を乗り越えた丸山書房

線沿線にある各書店の坪当たりの1日の販売額を調べた人がいたそうだ。1位の書店は4万円弱。2位が丸山書房の3万数千円だったとか。驚異的な坪効率だ。いまや全書店の平均は1万円に届かないとみられる。大型書店のなかには5000円を切るところさえあるらしい。

おそらく地元の購買力もあったのだろう。徐々に書店が増え、久米川駅周辺には、丸山書房のほか6軒の書店が営業するようになった。「久米川書店戦争」と呼ばれるほどに、互いにしのぎを削ったという。だが、徐々にパイが減ったのか、丸山書房だけが生き残った。

とはいえ、〝平和〟は、長くは続かなかった。

1992年2月のことだ。通りを挟んだ斜め向かい、直線距離にして30メートルほどの駅寄りのビル内に、路面店として丸山書房の4～5倍の広さのチェーン書店が出店した。しかもその競合店は、同じ取次と取引していた。当時、その店を覗《のぞ》いてみると、売れ筋の商品が潤沢《じゅんたく》に置かれていた。既存書店との取引を大切にするより、取引店数を増やして市場を確保するバブル的出店が幅をきかせるかのような時代の雰囲気も漂っていた。

丸山書房は、売上高4割減という危機に直面することになる。「向こうに10冊入っていたとしたら、うちは1～2冊だけ。そのうち店をやめるだろうと思っていたのかもしれません。この状態で営業できる態勢を追求するしかなくなりました」と、店主の丸山敬生さんは語っていた。

だが、競合店は2002年に撤退し、丸山書房は持久戦に打ち勝った。一部の忠誠心篤《あつ》いお客が「頑張ってね」と丸山書房での購入を継続し、従業員も献身的に働いてくれたからだという。さらに、土地も建物も自己物件だったことが強みになったようだ。こんな苦難を乗り越え、いまの丸山書房があるわけだ。

しばらく前に出かけた時には、まんべんなく商品を揃えつつ時代小説に力を入れていた。丸山さんは年齢を重ねるにつれこういうジャンルが得意になったと説明した。街の客層にも沿ったかたちだ。

「小さな本屋は出版社と取次のいいなりです。『あなたのところではこれを売ってください』と言われ、それを普通に並べて売っているだけ。ほとんどが雑誌と新刊、それに児童書の基本図書ばかりで、なんの個性もない。お客さまにとっても、

長岡義幸●福島県生まれ。出版業界紙記者を経てフリーに。著書は『「本を売る」という仕事～書店を歩く』（潮出版社）など。

おもしろみのない書店でしょうね」

そう謙遜《けんそん》していたが、実際は強い意志を反映した店づくりをしていた。通路は1人が通れるほどの狭さ、棚は1段分ぐらい高め。商品を大量に並べ、ストックも半端《はんぱ》ではない。改装時、店舗設計会社には、棚を低くして通路を大きく取るのがいま風だと言われたものの、選択肢を増やしたいと、こだわった部分だった。

現在は犬や猫をあしらった雑貨売り場や、地元からなくなってしまった文具店を補完するために文具売り場を設けたりしているという。

筋を通しつつ、融通無碍《ゆうずうむげ》に変化してきたからこその、今があるようだ。

勇ましさの陰で堅実な商売、王様書房の存在感

日本書店商業組合連合会や東京都書店商業組合の役員として活躍してきた**王様書房**（東京・目黒区）店主の柴崎繁さん。歯に衣着せぬ舌鋒《ぜっぽう》の鋭さと組合書店の利益となる数々の事業を立ち上げる実行力に、強い存在感を示し続けてきた。

柴崎さんが経営してきた王様書房は、東急東横線祐天寺駅近くで50年以上にわたり、地元密着型の書店として営業している。売り場面積4坪から始まり、場所を移して20坪ほどに拡大した。一時は最盛期の半分の売り上げに落ち込んだものの、環境の変化への対応を続ける。

創業は1967年のこと。13歳年上の実兄が開店したものの、翌年、その兄が病死。当時、大学を目指して浪人中だった柴崎さんは、家族から「お前がやれ。それで潰《つぶ》れたならしょうがない」と言われ、経営に携わることになった。

「近所に東販（現トーハン）の城南支店ができたので通っていましたが、本屋としてどんなことをすればいいのかわからないまま1年が経った。とにかく客が来なかった。そんな時、配達をしてくれというお客さんが現れ、そこから知り合いを紹介してもらい、どんどん配達先が増えていきました」

ひとつの家庭のなかで誰かが雑誌の配達を頼むと、別の家族からも注文が入り、1軒で5冊もまとまるというように、売れに売れたという。

73年には、7坪に拡大した。幹線道路の駒沢通りに面していたので、クルマの本に力を入れてみようと売り場をつくったら、来店客数も増えていった。このころ店売と外商を合わせて月商700万円にも達したという。周囲で外商をやめる書店が増えたこともあって、いっそう王様書房に注文が入るようになった。

が、近所に新刊書店が開店し、がたっと売り上げが減った。これを転機に、95年、祐天寺駅の目の前に新規出店した。業界全体と同様、王様書房の売上高のピークは、2店舗態勢となった95年から97年ごろになる。

仲間内の書店に刺激を受け、最初の店では古書販売も手がけるようになった。ただ、柴崎さんは、古本のカビが体に合わなかった。古書を扱うには、大きな倉庫が必要だったこともわかった。古書のために雇った従業員に、そっくり旧店を譲り、祐天寺駅前の店一本に集中することにした。

その後、徐々に売り上げは落ち、最盛

堅実な商売を続ける王様書房の店内

期の半分になっていた。かつては店売と外商の比率が5対5ないしは4対6ほどだったのに、7対3と外商が落ち込んだのが大きく影響した。一時は、閉店もやむを得ないのかなという気持ちがよぎったという。ところが、近隣の書店が撤退。売り上げは復調した。

　王様書房の品揃えは、一般的な街の本屋に近い。コミックスと雑誌の売り上げがほぼ半分を占めるという。それでも様々な工夫を凝らしている。

　児童書売場では、床近くに児童書を配置し、親の目線の少し上に、宝島社の付録付き雑誌を並べる。子どもにはじっくりと絵本を〝座り読み〟してもらい、その脇で母親らにも上段にある雑誌や本を手にとってもらおうという戦術だ。ダブル効果で滞留時間も長めになるという。

　訪問した時には、2〜3歳ぐらいの幼児が前からほしかったらしき絵本を見つけ、「これこれ」と言いながら、熱心に眺めていた。

　コミックスは、ビニール包装をしていない。立ち読み推奨だ。立ち読みが長くなれば「続きは明日にしよう」と促すが、子どもなら一度読んだマンガでも、祖父母らと一緒にやってきた時に買ってくれるという。パック詰めをしなくても、最終的なつじつまが合うのだ。

「八百屋ならミカンの皮をむいて試食してもらうことができる。書店の場合、それは立ち読みです。来店してもらうように働きかけているのに、来ちゃいけないところだと思われてはなりません」と柴崎さんの語る言葉には説得力があった。

　文芸書の売り場は、柴崎さんのこだわりを反映していた。

「小説が好きなんです。だから小説はちゃんと置きたいと思って棚をつくってきた。売り上げを上げていたわけではなく、自分がホッとできる場所にしたかった。特にお客に勧めているわけではありません。それでいいと思っていました」

　柴崎さんの持論は、「本屋も鮮度が大事だ」ということ。「外から見ると腐らないと思われているけれど、たとえば週刊誌は発売日が旬。最寄り性が高いのが本屋です。鮮度と仕掛けで、あそこで買いたいと思ってもらえる本屋になるよう努力を続けます」という。柴崎さんの実直さを反映した〝書店哲学〟は奥深い。

創業者である父親から受け継いだ忍書房

　かつて出版社の社員だった大井達夫さんとは、30年以上の付き合いになる。出会ったのは労働組合がらみの会合だった。

その後、大井さんは、職場では労働組合の委員長を務め、出版労連では中央執行委員も歴任することになる。

　大井さんに、もう一つの顔があることを知ったのは２００５年のことだった。埼玉県行田市にある「**忍書房**」という街の本屋を実家に持ち、創業者の父親が02年に亡くなった後、母親を助けるために会社が休みの日には書店の手伝いに入るようになり、その母親も04年に死去したことから、姉の誉子さんとともに書店業を引き継ぐことにしたと聞いた。

　その時もらった名刺には、忍書房という店名とともに「休日店長」という肩書が刷られていた。会社員と書店主という二足の草鞋《わらじ》を履くことにしたわけだ。そのときの事情は『創』２００６年2月号「街の本屋さんがどんどんなくなっていく　書店業界はどう変わるのか」で詳しくレポートした。

　その後、折々に忍書房の様子を聞きつつ、「定年になったらさっさと地元に帰って書店のオヤジになりたい」という将来の目標を聞いていた。大井さんが書店専業になったのは、２０２０年のことだ。

　簡単に忍書房の沿革に触れると、こんな歴史を重ねてきた。

　１９４９年、大井さんの父親の靖雄さんが4坪の売り場で創業した。その後、移転を繰り返し、現在の場所に落ち着いたのは72年。売り場も22坪に拡大した。靖雄さんは学生時代に内村鑑三の設立した出版社「愛の事業社」に一時籍を置き、大学卒業後、第一公論社に入社。一方で、大東塾の影山正治や理論右翼で文芸評論家であった保田與重郎に師事したという。太平洋戦争では、朝鮮半島に出兵。敗戦後、シベリア抑留を経て帰国した後に書店を開いたという経緯になる。大井さんは「理論右翼の弟子筋だった父がいわば志でやってきた本屋」と説明する。

　両親が亡くなった後、書店をどうするか家族会議を開いたとき、中小企業診断士の資格を持つ義弟が決算書を見るなり、「絶対やめたほうがいい」と言ったという。しかし、大井さんは、出版業界の一員であるという自覚から閉店を決断できなかった。「幸か不幸か、ぼくは本屋がやりたかったのだ」と、以前、その時の気持ちを聞いていた。結果、お姉さんとともに、書店を続けることにした。

　忍書房はこぢんまりとした、典型的な街の本屋だ。商店の居並ぶ目抜き通りの国道１２５号線沿い、目の前には市役所や県の出先機関などの公共施設が連なる、恵まれた立地にある。ところが周囲には、シャッターを降ろした店が目立った。

　19年に訪問したとき、忍書房の年商はいくらですかと大井さんに尋ね、答えを聞いて驚嘆した。「１０００万円を切ってしまった」と話しながら大井さんが直近の決算書を繰ると８００万円台だった。

　大井さんが忍書房を引き継いだ05年には、年商が１５００万円あった。店頭での売上げが約５００万円、定期購読の配達を含めた外商相当分が約１０００万円という内訳だ。自己物件なので家賃はいらないものの、平日に店頭販売と配達を担うお姉さんには薄給で我慢してもらいつつ、諸経費を差し引くと月々5万円、年60万円の赤字。大井さんの出版社での給料から赤字分を補填《ほてん》していた。それか

火災で焼失する以前の忍書房

ら10年後の15年には、いっそう厳しい状況となり、お姉さんの賃金の一部も大井さんの給料からまかなうようになった。
「ここまで落ち込んだことに、自分でもびっくりしています。雑誌の売り上げがほんとうに減ってしまった。街の本屋にとって、雑誌の売り上げはお米みたいなもの。ところが、おかずばかり売れて、ご飯が食べられなくなった。おかずもトンカツから安いコロッケになっている」

この間、テコ入れもしてきた。店舗と地続きのテナントとして貸していた建物が東日本大震災で壊れるという災難に見舞われた。だが、これを機に、テナントのあった場所に売り場を増築した。もちろん原資は大井さんの貯えだ。

書籍の品揃えも工夫してきた。地元には、店名の由来となった忍城という城跡がある。豊臣秀吉が攻め入り、相手方の北条氏が「小田原評定」を続けていた際、17歳の甲斐姫の活躍によって唯一北関東で持ちこたえた城だ。その故事にちなんだ歴史小説が何冊か出ていたものの、地元の人にはあまり知られていなかったので、レジ近くに地元ゆかりの本のコーナーをつくった。増床した売り場では人文書や出版関連の本、大井さんの興味を反映した虫の本なども並べた。

そんな努力の成果なのか、時々〝神風〟が吹いた。忍城を舞台にする『のぼうの城』(小学館)が刊行されると売れに売れた。行田市の足袋《たび》屋を舞台にした『陸王』(集英社)がミリオンセラーになり、さらにテレビドラマ化されると、忍書房にも観光客が次々とやってきた。局地的にヒットしたのが、行田市を舞台にしたバンチコミックス『埼玉の女子高生ってどう思いますか?』(新潮社)だ。出版社を舞台にした小説『騙し絵の牙』(角川文庫)の映画化に際しては、忍書房がロケ地になるという邂逅《かいこう》もあった。

だが、苦難は続いた。お姉さんが20年に他界してしまった。もうしばらく籍を置くつもりだった出版社を退職し、書店専業になるのが早まった。21年8月には火事で店舗がほぼ全焼した。しばらくは配達のみの営業を続け、その後、規模を縮小して焼け残った一部で店頭販売をするしかなかった。

「失火して本屋さんを失って、ああもう本屋さんはできないんだな、と考えていたころ、でも夏葉社の本だけは何とか仕入れができないかな、と思っていました。夏葉社の島田潤一郎さんのアドバイスが僕の中で特有のナラティブになって、出版物をおススメする原動力になったんです」と大井さんは振り返る。

そして２０２３年秋、店舗を再建して

復旧を遂げ、売上高も22年10月から23年9月末までの1年間で1100万円になったという。19年の800万円と比較すると1・5倍近い売り上げまで回復した。

なぜ売り上げが伸びたのか。大井さんはこんなふうに独白した。

――簡単な話です。姉がお店をやっていた時、10時からの開店だから9時前に来て着荷した荷物をさばいていた。配達は土日に集中してやっていたんですが、そうすると役所や官公庁の配達ができない。図書館からも、雑誌を待っている方がいらっしゃると連絡が入ったりして。それで、平日に配達日を設けたんです。

姉は家庭を持っていたから、夕方6時くらいにはお店を閉めて帰っていました。役所帰りや会社帰りのお客さまがその後来る。開いていないと、あっ、閉まっているんだ、と思うわけです。

だから、それを改めました。

荷物は朝5時半に来ます。だから、5時前には起きて、配達の準備をして、必要な書類を作成します。お店にいらっしゃるお客さまにはショートメールをお送りします。8時半には配達に出ます。10時前に帰ってきて、店を開ける。

閉店は夜8時にしました。ご飯を食べるとあっという間に10時ですから、もう寝ないといけない時間です。もう慣れましたけど。

大井さんは仕入れ面でも考え方を変えたという。

――本の選書では、夏葉社やミシマ社、水曜社、トランスビュー関係の小さな出版社にお世話になっています。毎週、売れている本をチェックして、仕入れをするようにはしていますが、本当に仕入れたい本は、なんだかよくわからないけど熱量だけは感じるなあという本だったりして。取次は頼りになりません。なだめたりすかしたりして3週間以上かかるような仕入れだから、疲れ果ててしまうんです。だったら、（入荷が確実で早い取次以外も活用して）こんないい本がありますよ、と言えた方がいい。

大井さんの話をまとめると、①開店時間を長くした、②配達時間を時間外とし、開店時間を確保した、③仕入れは希望を押し通した、ということだった。

忍書房は、配達と店頭販売という両輪があるのも強みだ。同時に、くじけそうになりながらも、書店をやり続けるという強い意志があったからこそ店が成り立っているのではないか。書店をやり続けるのだという大井さんの強い意志に思いをはせたい。

特徴的な街の本屋の数々

そのほかにも特徴的な街の本屋は、日本中にある。東京のお勧めの書店をいくつか挙げてみる。

以前、日本書店商業組合連合会の会長を務めていた矢幡秀治さんが代表の**真光書店**（東京・調布市）は、マンガ家の故水木しげるさんが頻繁に利用していた書店として知られる。地上6階建ての自社ビル内に本店を置き、1階と地下1階の2フロアでそれぞれ60坪の売り場を展開する。コミックスの品揃えは、お客からとんがっているという評価を受けるほど。水木しげるという大作家との縁を大切にしてきた結果としての〝水木効果〟ともいえるのかもしれない。

矢幡さんは以前「ふらっと入ってみたらいい本があったと思ってもらえるような、人を呼べる本屋がいいかなと思う」と語っていた。その通りの書店だ。

東京・神田神保町のメインストリート、靖国通りと白山通りが交わる神保町交差点すぐのところに**姉川書店**がある。以前は荒井南海堂という店名だったが、この書店の従業員だった店主が買い取り、現在の店名になった。

だが、店名以上に知名度があるのはインナーショップと呼べばいいのだろうか、「にゃんこ堂」という名の店内の一角だ。

他の書店同様、売上げを落とすなか、13年6月、店内の3分の1ほどを「にゃんこ堂」と名付けて猫関連書のコーナーにリニューアルしたところ、評判が評判を呼び、全国に知られる書店となった。近隣の出版社も雑誌で猫特集などの企画を組めば、参考図書を購入しにやってくるという波及効果もあった。売上げは急増し、起死回生の一策となった。

東京・練馬区の都営地下鉄練馬春日町駅から徒歩3~4分のところにある**文化堂書店**は、一見何の変哲もない街の本屋だ。だが、毎月第4土曜日には店のまわりに子ども用の自転車が何台も並び、時には綿菓子などの出店も出現する。子ども自身が子どもに読み聞かせをする「お話し会」の日だからだ。16坪のウナギの寝床のような店内の床にシートを敷き、そこに子どもや大人がぎっしりと座り、小学校低学年や幼児を中心にした子どもたちが絵本を読む声に聞き耳を立てる姿を見ることができる。参加者は、時には50人を超えることもある。

ある日の様子はこんなだった。絵本のページを聴衆に向け、小学生らが物語を読み始める。つっかえつっかえ読む子もいれば、大人はだしに流暢《りゅうちょう》に読み上げる子も。それを身を乗り出して聞き入る子がいたり、寝そべりながら聞き耳を立てている子がいたり。

文化堂書店の渡辺欣三さんは、大人による読み聞かせには抵抗があり、子どもが子どもに読んであげることで、それを聞いた子がイメージをふくらませてほしいと考えて始めた取り組みだと説明する。「今日はいい本に出合えたなあと思って帰ってくれれば、それだけでいいんです」と控えめだ。とはいえ、お話し会が終わると、子どもたちや大人がこぞって本を買っていく様子が見られるのはいつものことだ。

文化堂書店の創業は70年。渡辺さん夫妻が結婚して7日目に開店した。当時は、半径1キロメートル以内に、10~30坪ぐらいの書店が11軒あったものの、いまや文化堂書店1店だけになってしまった。

実子のいなかった渡辺さん夫婦は、地域の子どもたちを我が子のようにかわいがり、触れあってきた。こんなふうに子どもとの関係を密にしてきた結果、本業の本屋も地域で頼られる存在となった。

見なれた街の本屋であっても、それぞれにさまざまな工夫を凝らし、営業を続けている。近所に書店があるというのは、お客にとっても幸せなことなのだ。

(『創』『文化通信』『潮』などに掲載した記事をベースに改稿)

閉店を知って訪れた書店も

閉店を惜しまれた3書店 そして東京の書店の「個性」

東京都書店商業組合のＹｏｕＴｕｂｅ配信「東京の本屋さん」の取材で41書店を回った筆者が、それを通じて感じた書店の現状について、また閉店した個性的な3書店について思いをつづった。

石橋毅史［フリーライター］

2023年は、閉店することを知って訪れた書店が3軒あった。

七五書店（名古屋市、最終営業日は1月31日）／定有堂書店（鳥取市、4月18日）／ちくさ正文館書店本店（名古屋市、7月31日。支店や外商など他の事業は継続）

いずれも書かせてもらったことがある。他の書店について書く時も、あの本屋ではこうしていたと思いだし、参考にしてきた。新型コロナウイルスの影響などで間があいたが、店主や店長が売場に立つ姿を見ておきたい、これまでの礼を言いたいと思って出かけた。

だが、いざ店内で過ごしながら目を奪われたのは、店主や店長の振る舞い、別れを惜しむ客の姿だけでなく、棚に並ぶ本だった。前から気になっていた本、これまで気にとめなかった本、初めて見る本……興味をそそられる本が次々と出てきた。本は一期一会《いちごいちえ》で、目にとまり、手の伸びた瞬間が買い時だが、すべて買って帰るわけにもいかない。無理して買っても、どうせ読めない。いったん他の棚へ移り、2周、3周と回りながら取捨《しゅしゃ》選択し、何冊かを買った。

書店の魅力や存在意義を教えてくれた3書店がなくなる寂しさ、名残《なごり》惜しさが、僕にそういう時間を与えた。

ただ、もうすこし分け入って考えてみたい。いったい僕は、なにを名残惜しいと思っているのか。この3書店の閉店は、なんの終わりを表しているのか。

2023年4月に閉店した定有堂書店

他店では目立たない本を魅力的に並べていた

3書店は、前面に出ている本のジャンル、売場の雰囲気などは、それぞれ違っていた。共通点は、ざっくばらんに言えば、他店ではあまり目立たない本を魅力的に並べていたことである。世界には多様な価値観があるということを、本屋としての見識とセンスで示していた。閉店が発表されるや、遠方からも客が押しよせ、地元の新聞社やテレビも駆けつけたのは、本に対するそういう姿勢が多くの人に知られ、受け入れられていたからだろう。

これは、品揃えがマニアックで偏《かたよ》っていたという意味ではない。たとえば閉店の近づく定有堂書店で過ごしたある日に僕は10冊の本を買ったが、このうち5冊は新書、3冊は文庫だった。タイトル、著者名、出版社名を挙げる。

【新書】『つながりの作法 同じでもなく違うでもなく』(綾屋紗月、熊谷晋一郎／NHK出版)『なぜ 人に会うのはつらいのか メンタルをすり減らさない38のヒント』(斎藤環、佐藤優／中央公論新社)『他者と生きる リスク・病い・死をめぐる人類学』(磯野真穂／集英社)『「具体⇄抽象」トレーニング 思考力が飛躍的にアップする29問』(細谷功／PHP研究所)『見えないものを見る「抽象の目」「具体の谷」からの脱出』(細谷功／中央公論新社)

【文庫】『語りえぬものを語る』(野矢茂樹／講談社)『触れることの科学 なぜ感じるのか どう感じるのか』(デイヴィッド・J・リンデン／河出書房新社)『サスペンス作家が人をうまく殺すには』(エル・コシマノ／東京創元社)

これらが、小さなポップ付きで推されていたり、棚の隅に差してあったりした。新書や文庫は、大手、中堅の出版社が、ある程度の購買層を見込んだテーマや著者で企画したものが多い。この8冊も、なかには増刷を繰り返したヒット作もあるし、とくに珍しい本ではない。ただ、見せ方は個性的だったかもしれない。『「具体⇄抽象」トレーニング』は、多くの書店ではビジネス書の扱いになるだろうが、売場をジャンルで区分していなかった定有堂では、他者とのコミュニケーションについて考える本などとあわせて置かれていた。

もちろん、他店ではあまり見られない

石橋毅史●1970年生まれ。出版業界紙「新文化」編集長を経て2010年からフリー。著書『「本屋」は死なない』『本屋がアジアをつなぐ 自由を支える者たち』など。

本もあった。「最後に読んで欲しい本」といちばん強く推していたのは、定有堂が1998年に自ら刊行した、鳥取の高校の教諭で郷土史家でもあった濱崎洋三氏の著述集『伝えたいこと』と、鳥取の出版社・小取舎《ことりしゃ》の当時の最新刊『橋田邦彦・現象学・アーレントの再解釈』（岩田直樹）だった。そうしたオリジナルの本、地域性のある本、さらにミニコミなどの〝小さな〟本と、新書や文庫のような〝ふつう〟の本が調和し、多種多彩な本と出合える空間になっていた。

目についた〝ふつう〟の本

ここでいう〝ふつう〟は、否定的な意味を含まない。大手取次会社に口座のある新刊書店であればさほど入手の難しくない本、他の書店にも置いてありそうな本という意味である。

ちくさ正文館書店本店は、店長の古田一晴さんが担当していた人文社会、文学、芸術分野を揃えた売場が広く知られていた。大型書店でなければなかなか扱わない、分厚くて高額の本を最前列にドカンドカンと積んでいて、いつ見ても迫力があった。

でも、手練《てだ》れの読書家ばかりを相手にした売場だったわけではない。棚に並ぶ背表紙を見ていくと、専門的な本のなかに、初歩的な本、ちょっと脇道へ逸《そ》れる本がブレンドされていた。閉店3日前に訪れた時は、俳句、短歌の棚にあった『俳句のきた道』（藤田真一／岩波ジュニア新書）、音楽関連書の棚の『小山田圭吾の「いじめ」はいかにつくられたか』（片岡大右／集英社新書）といった本が、ポツンと印象的に差してあった。思想書の棚でも『読書のしかた』（黒田寛一／こぶし書房）という本が目にとまったが、単純に初級者向けとはいえない内容だったり、棚を注意深く見つめさせる仕掛けがあちこちにあった。

定有堂やちくさ正文館本店を模範的な街の書店だったと持ち上げる気はない。選書や並べかたは店ごとに違っていて、あとは客が好きなところを選ぶだけだと思う。

言いたいのは、閉店を惜しまれた個性的な3書店には、新書や文庫のような〝ふつう〟の本が豊富にあった、ということである。なお、七五書店は最終営業日とその前日の訪問だったこともあって来客で溢《あふ》れ、棚をじっくり眺める余裕がなかった。かなり売れてしまって在庫も乏しかった。僕の記憶では定有堂やちくさ正文館本店以上に〝ふつう〟の本の比率が高かったが、たとえば小説にしても著者の有名無名にとらわれず多彩な作品を少しずつ並べ、一点一点が目にとまる陳列をしていた。本と丁寧に向き合う姿勢が、ある種の人たちに支持された。

「その1」は棚を楽しむこと

ところで、〝ふつう〟の本は、新刊流通の観点からは「返品できる本」とも言える。3書店が地域の人々や本好き、本屋好きに支持される棚をつくるうえで、並べる本の多くが取次に返品可能だったことは大きいと思う。

戦後の復興期にあった1949年に創

業した二大取次会社のトーハンと日販が競い合いながら構築し、進化させてきた雑誌・書籍の流通システムは、日本の出版市場が発展する土台となった。１９９０年代から現在までは、出版物の流通量も書店数も現実的な市場規模を超えてしまい、右肩下がりの状況への対応を迫られてきた。

出版社と書店の間でモノとカネの行き来を仕切ってきた取次は、良くも悪くも出版市場の最大のキーマンである。最大手から零細まで多くの出版社の本をあずかり、大型店から街の小さな店まで、全国各地の書店に送る。書店で売れなかった本は引きとり、出版社に戻す。単行本は少部数で刊行されるものが多い。すでに実績のある企画や著者はともかく、どのくらい売れるか、どんな人が買うか、書店に置いてみないとわからないところがある。

本屋は、これはいい本だ、ウチなら買う客がいるのではないかと期待して仕入れ、ポップを立てたり置き場所を変えたりして販売に努める。それでも売れなかった場合は返品し、いったん支払った仕入れ金も戻してもらう。いろいろな本を試しに置くことを繰り返すうちに、独自のベストセラーやロングセラーが育つこともある。

日本の取次が構築した流通システムの最大の収穫は、売れなかった本は返品できるという商慣習を下地に、熱心な書店主、書店員が大勢誕生したことだと思う。

だが、マイナス面もある。書店へ送った本が売れずに戻ってくるのだから、取次や出版社にとっては単純にいってムダだ。書店のほうも、乱暴な仕入れと返品をするところが出てくる。品揃えが魅力的な店ほど、返品は多かったりもする。市場が右肩上がりの時代は毎年の増収がカバーしたが、本が売れにくい時代に入ってからは負担が重くなった。返品率の低減を業界挙げての目標としてきたが、雑誌は依然として40%台と高止まりの状態、書籍も改善傾向にはあるものの安定したとはいえないようだ。

そもそも、商品としての本は岐路に立っている。これはインターネットをはじめ情報産業や社会の変化の影響が大きく、やむをえないところがある。出版・書店業界は、それでも来店してもらおうと、年中、様々な施策を打ちだしている。

だが、

「棚を眺め、気になる本は手にとり、読みたい本に自分で出合う」

結局のところ、「その１」はこれに尽きると思う。書店には、客の目をひき、楽しませる棚づくりをしてほしい。

ただ、そのためにはなんでも自由に仕入れよう、売れない場合はいつでも返品できるようにしよう、返品が増えてもいい、あえて無駄なことをしようじゃないか、という流れにはならないだろう。物流コストや環境面などの観点からも時代に逆行している。

僕が3書店の棚を名残《なごり》惜しく感じたのは、たぶんこのあたりに起因するのだと思う。売れなかった場合は返品できる〝ふつう〟の本を自在に配置することで、客に本の魅力を伝える。これから先、そういう書店は少なくなっていくのか。

「東京の本屋さん」の小さな個性

東京都書店商業組合（以下、東京組合）のYouTubeチャンネル「東京の本屋さん〜街に本屋があるということ」のなかに、「本屋さん紹介動画」というコーナーがある。東京組合に加盟する書店のうち72書店が登場し、店内風景や、店主、スタッフのインタビューなどが見られる。ここに出てくる書店も、やはり大手取次から入る雑誌や書籍で売場を構成している。

僕は、このうち41書店の動画の原案を担当した。予め訪問して話を聞き、店と店主のプロフィール、外商も含めた商いの全容、売場の様子、撮影してほしい特徴などをまとめ、撮影チームに提出。映画監督の篠原哲雄チーム、目黒写真館の大倉英揮チームなど3組が撮影した。

この動画制作を通じて、昭和、平成を乗り越え、令和に入った現在も存続している書店には、それだけの理由がありそうだ、と感じた。「生き残った秘訣？そんなもんないよ！」。ほとんどの店主はそう言って笑ったが、近隣の小・中・高校への教科書販売など外商を手広くやっていて地域と深いところでつながっていたり、客あしらいがうまくて近所の人たちが気軽に立ち寄る場になっていたり、人通りの多い立地だったり、いくつかのプラス材料がある。

さらに印象的だったのは、多くの売場に小さな個性があること。昔ながらの街の書店というと、取次から送られてきた雑誌と文庫と漫画、あとは一昔前のベストセラーだけ、というイメージで〝金太郎飴書店〟などと揶揄《やゆ》された時代もあったが、今も続いている店は長い営業を経て長所が確立されており、本にせよ文具などの併売品にせよ、一見すると特徴のない店でも必ず発見があった。

原案や動画に反映させなかったが、訪れたすべての書店でやると決めていたことがあった。目についた本は買うこと、ただしキリがないので、できるだけ1冊にすること。結果としては、思わず何冊も買った店も、欲しい本が見つからず無理やり1冊選んだ店もあった。実はなにも買わずに出た店も1軒。だが、ほとんどは1冊に絞ることに苦労した。

そうして買った本は、今もひとまとめにしてある。久々に並べてみると、近所の肉屋さんが書いたという自費出版本、創業者が書いた戦争体験記など、その書店でなければ出合わなかっただろう本もあるものの、やはり圧倒的に多かったのは、文庫、新書、雑誌、児童書など、他の店でも手に入りそうな〝ふつう〟の本だった。

「本屋さん紹介動画」に登場する店のひとつに、**サンブックス浜田山**（東京・杉並区）がある。京王井の頭線浜田山駅を出て目の前にある、20坪ほどの店だ。

1983年、現社長の安藤弘さんが創業した。棚づくりや売場の演出、接客などオモテの部分は高校1年からアルバイトで働き始めたという甥っ子の木村晃さんが担い、社長は外商などウラ側に回っている。本屋が店売だけでやっていくのは無理だ、見えないところで稼いだり経費を削ったりしてやっていくもの、と安藤さんは話していた。

　この書店の持ち味は、来店客に棚を見させる工夫が溢れていることだ。

　雑誌、漫画からやや高価な人文書まで揃うが、それぞれの棚の上部には「堅い本、いわゆる人文の棚」「どちらかというと女性向きの棚」「社会人力をUPさせる棚」「小・中学生の勉強の本」など、独特の名づけをした手書きのプレートが貼られている。「よくわからない棚」「可哀想な本たち」「売れてほしい本と新刊」といった、身も蓋《ふた》もないような名づけの棚もある。一般的なジャンル名より、本を身近に感じさせる。岩波文庫、岩波新書だけで棚をとっているのも、いまや

サンブックス浜田山の個性的な棚

この規模では珍しい。

　平日の午後6時台に訪れると、仕事帰りの人、小学生とその母親、高齢の夫婦、店に入るなり数冊の雑誌と書籍をスピーディーに選んでさっと精算を済ませて出てゆく人、床にしゃがみこんで女性誌を長い時間めくる人など、まさに老若男女、様々な客が短い時間に出入りしていった。

「楽しいですよ。ウチは幸い、本好きのお客さんが多くて反応してくださるので、これは売れるかどうかわからないけど面白そう、という本もけっこう置けます」

　木村さんはそう言って、たとえば最近だったら、と「売れてほしい本と新刊」の棚にある『索引 ～の歴史 書物史を変えた大発明』（デニス・ダンカン／光文社）など、いくつかの本を教えてくれた。

　たしかに、面白そうな本がいくつも目につく。ふと思いついて、この棚にある本で完全買切り、返品不可でも仕入れるだろうという本はありますか、と訊《たず》ねてみた。

「おー、そう言われると難しいですね。どれだろう……。すごく少なくなることは確かです。売れなかった場合は返せるというのは、ウチにとって大きいです」

返品できる本、買切りの本

　東京組合に加盟する昔ながらの街の書店が減りつづけている一方で、カフェを併設したり古書も扱ったりする、新しい小さな書店は少しずつ増えている。

　そうした店の多くは大手取次と契約せず、子どもの文化普及協会、八木書店、楽天ブックスネットワークの「Foyer（ホワイエ）」など少部数の発注にも対応する取次や、トランスビュー、ミシマ社といった書店との直取引のノウハウをもつ出版社を利用している。トランスビューは自社のシステムを公開して200社ほどの新規出版社の書店直取引を代行しており、その数は常に増えつづけている。ミシマ社も出版社と書店の小口取引を仲介する「1冊！　取引所」という窓口を開いている。これまで見てきた印象では、売場面積が20坪未満であれば、大手取次と契約しなくても多彩な新刊書籍を揃え

ることが可能になってきた。

ただ、これらを窓口に商品を揃える場合、仕入れは買切りが中心になる。返品を無条件で引き受けることを前提にしているのは、トランスビュー（取引を代行する出版社を含む）やミシマ社などに限られる。

「Readin' Writin' BOOK STORE」（東京・台東区、以下リーディンライティン）は2017年、新聞記者をしていた落合博さんが開業した。1階は14坪の売場に5000冊ほどの本を揃え、2階は展示なども行われているイベントスペース。店名に表れているように、読むことや書くこと、言葉に関する本が充実している。扉を開けて目の前に並んでいたのは性についての本、最奥には平和についての本。店主が、いまの社会をどう捉え、本屋としてどう向き合おうとしているかが伝わる。かつて巡った台湾では、訪れたすべての小さな書店が環境や人権の問題に対してなんらかの姿勢を示していた。日本でも、そういう書店がすこしずつ増えてきている。

仕入れは買切りが中心だ。子どもの文化普及協会からの仕入れで全体の7割、八木書店や、直取引の出版社も扱っている。期間限定のフェアを行う場合など売れた分だけ精算する仕入れをすることもゼロではないが、基本的には返品はしないという。

――もし大手取次からどんな本でも仕入れられる、売れなかった本はいつでも返品できるとなったら、どうしますか？

「変わらないですね。返品作業まで手が回らないし、買い取って、自分の資産だと受けとめたほうが扱いやすい。自分が得た情報のなかから、自分が読みたいと思える範疇《はんちゅう》の本を扱っていく、そういう書店をやりたかったんです」

扱う分野を広げる場合も、たとえばこれまで数学に関心をもたずにきたので楽しく学べる本を探してみるといったように、あくまでも自分の身の丈で棚をつくっていくという。

買切りであっても、限られた売場に並ぶ本はじゅうぶんに多彩だった。ただ、サンブックス浜田山の「よくわからない棚」に並ぶ行き場を失ったような本や〝遊び〟のスペースが見当たらない気はする。

「ウチは〝狭い〟でしょうね。入って来て、引っかかるところのない人はすぐに出ていくし、よく来てくれるようになる人もいる。買切りだからといって、必ず売れる本や売る覚悟の本というわけでもないんです。もちろん買ってもらいたいですが、まずは僕の読みたい、置きたいを大切にして、そこを共有できるお客さんに来ていただく店。そこまでが、僕にできることだと考えています」

サンブックス浜田山とリーディンライティン。売場面積はほぼ同じ、店長が熱心に仕入れた本が並ぶ点も同じだが、「返品できる本」をメインにした棚と「すべて買切りの本」が並ぶ棚で、その内実は大きく違う。

そうそう売れはしないもの

「本屋さん紹介動画」に登場する書店から、もう1軒を紹介する。

はた書店（東京・中野区）。１９８１年、現店主の秦一茂さんが創業した20坪の店である。ここも、初めて訪れたときから棚の１冊１冊が目にとまった。

サンブックス浜田山とはた書店には、東京組合の加盟書店の多くには見られない共通点がある。大手取次から入る本に加えて、直取引系出版社の本も積極的に仕入れているのだ。それらがブレンドされているので棚の並びに広がりがあり、〝ふつう〟の本の魅力もあらためて感じられる。

某日の昼下がり、店の近所の喫茶店で珈琲をご馳走になりながら秦さんと話をした。たしかに返品がまったくできなかったら40年も続けられなかったかもしれないね、と店主は言った。

「世の中って、どう解釈したらいいかわからないことばかりですよね。少なくとも、私には全然わからない。人間って、わけもわからず生まれて、わからないまま死んでいくしかない……本というのは、そういう人生の、ちょっとした助けになるかもしれないものですよね。ふらりと店に入ってくる若い人にも、そんな助けになれる本を置いておきたいと思ってやってきたんだけど……で、そんなことを考えながら並べた本が、そうそう売れるわけがないんだよね（笑）」

けっして勇ましくはない、だが腑《ふ》に落ちる言葉だった。

昭和から続く書店も、最近は独立系という強い言葉で呼ばれる若い書店も、棚には「そうそう売れるわけがない」本が多く並ぶ。だが、その本は誰かのために置かれた。書店という商売があるかぎり、ささやかな、ときに衝撃的な本との出合いが、あちこちで起きるだろう。

はた書店

※登場する書店の状況、店内の商品構成などは、取材した２０２３年９月当時のものです。

【本書『街の書店が消えてゆく』へのための追記】

定有堂書店の店主だった奈良敏行さんは２０２４年３月、『町の本屋という物語』（作品社、三砂慶明編）を上梓《じょうし》した。１９９０年代から様々な媒体に綴《つづ》ってきた文章、講演録の一部をまとめたものである。

本書には、書店のオモテの魅力の「その１」である、客に棚を楽しんでもらう工夫を重ねてきた経験が、あちこちに書かれている（外商など、ウラの話も出てくる）。小さな書店は店主の個性が反映されるが10年で飽きられる、生業として続けるには個性を更新していくことが必要だったと、開業からの43年間を振り返っている。同業の本屋たちへのメッセージであり、あらゆる商い、生き方に通じる話でもあると思う。

（月刊『創』２０２３年12月号の記事を改稿）

書店の協業組織「NET21」とは…

地域密着の「往来堂書店」、経営変更から5年半の現在

地域に根差した往来堂書店が売り上げ減少も一因となって経営母体が変更。それから5年たって、現在はどうなっているのか。店長から社長になってお店を切り盛りする笈入《おいり》建志さんに話を聞いた。

長岡義幸【インディペンデント記者】

独自の棚づくりに邁進

往来堂書店は、山手線内の下町情緒あふれる東京・千駄木で営業する20坪ほどのこぢんまりとした店だ。店先には週刊誌やマンガ誌のラックが並び、店内には文芸書からビジネス書、実用書、人文書、児童書など一通りのジャンルがそろった、よくある街の本屋ふうである。だが、街の本屋が減少を続けるなか、選書の妙と棚の見せ方によって地元の読書人に愛され、経営的にも安定している書店のひとつだ。

書店には「棚づくり」という言葉がある。入荷した本をお客にアピールするために、書店員が棚や平台にどう陳列するかを思考する一連の営みを指す。たいていの書店は文芸書、ビジネス書、人文書などとジャンルごとに書棚を分け、お客の便に供する。

これを一歩進め、少なくない書店が、よく売れている本の隣に、同じテーマだけでなく、（思いがけない）関係する人物や出来事、地域などを記述した本を並べ、埋もれていた本を掘り起こしたり、ときに関連するグッズや食べ物を置いてお客の興味を誘ったり拡げたり、この本を読めば次はこの本が読みたくなり、さらに次はこの本と先読みして関連書を並べたり、平台であれば、同一のタイトルを高く積み上げてベストセラーであることを示したり、高さを低くして売れ行き

東京・千駄木の往来堂書店

良好だと見せたり、といった細かな工夫を凝らしている。ブックフェアも棚づくりの一環だ。商行為であるから、書店員の好みを表現したセレクト書店とは一線を画す、お客目線を基本にした売り方といっていい。

このような販売方法は、書店員の名を冠した「××棚」といった呼び方が広まるなど、昔からあった。だが、棚づくり以外の、一般化した言い方はなかった。

こういった棚の作り方に言葉を与えたのは、往来堂書店の初代店長だった。「文脈棚」という呼称だ。往来堂書店の2代目の現店長、笈入《おいり》建志さんは、自社サイトで文脈棚を〈「本はその両隣にある本とのつながりのなかでお客さまに届くものである」という考えのもと「隣に(あるいは一緒に)何を置くか」という点に最大の注意を払って作った棚のことです。本はただ一冊でそこにある時より、何らかの意味のある繋《つな》がり(=文脈)のあるまとまりとしてお客様の目の前に現れたときのほうが、なぜか魅力的に見えると往来堂は考えています〉と綴《つづ》る。既存の棚をいっそう発展させ、独自の棚づくりに邁進《まいしん》する、笈入さんなりに再定義した説明だ。

棚づくりとお客との関係を大切にする、そんな往来堂書店の現在を見てみた。

地域に出て行く 攻めの姿勢

往来堂書店は、不動産管理などを主な事業とする東秀管理が東京・大塚で運営していた田村書店の2号店として1996年に開店した。出版社の営業を経て書店員に転身した安藤哲也さんが街の書店の復権を訴えてプロデュースし、初代店長を務めたことで知られる。

安藤さんの棚づくりは異色だった。たとえば、書店の稼ぎ頭であった女性誌は入り口近くのもっとも目立つ場所に置くのが定石だ。ところが、安藤さんは店の奥に女性誌のコーナーを持ってきた。手をかけなくても売れる商品だからだ。店頭の目立つところには、プッシュしたい本を置くことで、新たな需要を喚起する。

2代目店長となった笈入さんが「いちばん回転率のいい商品を奥に置くのは大正解。よく考えられているなあ」と感嘆するような売り方であった。当時の様子は安藤さんの著書『本屋はサイコー!』(新潮OH!文庫)で知ることができる。

その安藤さんが他社に転職する際、店長の公募が行われ、手を挙げたのが東京旭屋書店に籍を置いていた笈入さん、その人だった。2000年のことだ。

笈入さんは、「文脈棚」の試みで話題

になった往来堂書店のテイストを引き継ぐことになる。同時に、いっそう進化した棚づくり、店づくりに取り組んできた。以前店を覗《のぞ》いたときに、「少女」をテーマにしたレトロモダンな書籍を集めたフェアに心惹《ひ》かれ見入ってしまったことがあった。2段ぐらいの棚に、面陳（棚の中で表紙を表にして陳列する方法）と棚差し（背表紙を見せる一般的な置き方）で展開していた。新しい世界を開いてくれる品揃えと展示の妙を感じるような棚だった。

　もうひとつ往来堂の特色は、地域との関係にある。編集者の南陀楼綾繁さんを発起人として2005年から始まった谷根千（谷中・根津・千駄木）を舞台にした「不忍ブックストリート」実行委員会の中心メンバーとなり、「一箱古本市」の定着にかかわった。並行して、ブックストリートに合わせて自店ではブックフェアやイベントを開催するなど、本を介した地域やお客とのコミュニケーションの場づくりに取り組んできた。来店客を待つだけでなく、地域に出て行く攻めの姿勢だ。

　近所の文学者の記念館などの企画に合わせてブックフェアを展開するなど、地域に対する目配せも怠らない。

　往来堂書店とかかわりのある作家や翻訳者、出版関係者、書店員など総勢50人以上におすすめの文庫本を聞き、店頭で販売する往来堂オリジナル企画の「D坂文庫」フェアも恒例行事だ。取りそろえる文庫はウェブでは公開しない。来店して初めてわかるかたちだ。さらに、選書したタイトルと作家らによる紹介文などを載せた小冊子を製作して販売する。

　千駄木は「力を入れれば入れただけお客さまが反応してくれる街」だという。笈入さんの試みに応えてくれるお客の存在は心強い。

　以前、笈入さんは、旭屋書店から転身したことで、大型書店と街の本屋との違いにも気が付いたと話していた。

「大きな本屋は受け身でいい。本はちゃんと入ってくる。数多くの本を揃えることで、お客さまのニーズに応えるのが役目です。一方、小さな本屋はなかなか本が入らないので、常に攻めの姿勢で仕入れていかなければなりません。ところが、お客さまのなかには、最初から取り寄せでいいよという方もいる。ほしい本があればラッキーというぐらいで。それでもふらりと本屋にやってくるのは、面白い本を見つけたいから。すべてを揃えなくてもいいけれど、何を選んで売るかが大事だということがわかりました」

　さらに、中小書店の協業組織「有限会社NET21」に参加して、書店どうしの

23年上半期の「収穫」を並べた棚

横のつながりを深め、参加書店が一体となることで仕入れ力を高めるなどの事業にも取り組んできた。

経営母体が変更、店長から社長へ

そんな時、往来堂書店のメルマガに、こんなあいさつが載った。〈お店は相変わらず営業しておりますが、２０１８年２月１日より、千駄木・往来堂書店の経営母体が「東秀管理株式会社」から「株式会社往来堂書店」に変わり、いままで店長をしておりました笈入が代表取締役となりました。お客様、お取引先様には、今後とも変わらぬご愛顧ご支援を賜りますよう謹んでお願い申し上げます〉（２０１８年２月18日付）。笈入さんが往来堂のオーナーになったという報告だ。

店長から社長になった笈入建志さん

当時、笈入さんに取材したところ「３〜４年前には赤字が出たことでリストラを進め、若干の利益を出せるようにはなりました。でも、利益の出る体質にはなっても、よくて横ばい。収支のバランスを考えたらこの先、どうなるかわからないので、運営会社は往来堂を手放したい、と。新しいスポンサーを探すのか、自分でやるのかという選択を迫られることになりました」と事情を語った。

売上高は２００７〜８年ごろ１億円を超えていた。20坪の店としてはかなりの好業績だ。それが引き継ぎ時、８５００万円ほどに落ちていた。雑誌の売れ行き減少がもろに影響していた。

それでも１日のレジ通過客数は１５０人から２００人。来店客数は２００〜２５０人だったから、購入者の割合は相当なものだ。多くは地元客である。笈入さんは、そんな環境を維持するために、自ら経営を担うことを決断したのだ。

店舗の保証金や設備費、当面の運転資金など、引き継ぎに要した資金は１７００万円ほど。自己資金２００万円、少人数私募債で集めた７００万円、自治体経由による創業支援のための日本政策金融公庫の無利子融資８００万円でまかなったという。私募債に協力してくれたのは「ＮＥＴ21」の書店仲間で、償還は５年という約束だった。公庫の融資期間は６年となる。

経営母体が変わることから取引取次（出版物の問屋）の大阪屋栗田（現・楽天ブックスネットワーク）とは、自宅と定期預金を担保に、再契約した。担保を差し出したので、通例、月商の２〜３カ月分を保証金として取次に預ける「信認金」はない。引き継いだ在庫は、取次との話し合いで４年間かけて支払うかたちになった。常備寄託（出版社の出先在庫）に準じる扱いにしてもらったそうだ。切り替え時の、その在庫額は１２００万円だった。

もともとあった書店を別の人が居抜きで引き継ごうとしても、取次との再契約

地域密着と異色の棚づくり

や在庫の精算は避けられない。ハードルの高さはかなりのものだろう。笈入さんは「20年間、営業を継続してきたからこそ、取次はこれからも長く付き合えると思ってくれたのだと思います」と、好条件になった理由を述懐していた。

売り上げは同じだが客数は減っている

　店長から経営者に立場が変わったことで、心持ちも変化したと語っていた。

「経営者になると感覚が違いますね。たとえば、一刻でも早く回収したいという気持ちが強まりました。いっぺん仕入れた以上は、どうにかお金に換えないと。店長時代も意識していたつもりですが、自分で支払いをしていなかったので、そこが弱かった。いい本をただ理想的に並べるというのは仕事の半分。お金のプレッシャーを感じながら、店を活性化させるというのも大事だったんだなと思いました」

　売り場をすっきりさせるために、「死に筋」になっている商品を整理し、棚の新陳代謝も図った。ギュウギュウ詰めの棚よりも、多少余裕があり、面陳もあるほうが、お客にも棚が動いていて売れているというイメージを持ってもらえる効果もあったという。

　新法人になって5年半以上経った。現状はどうだろうか。

「今年(23年)8月、第6期が終わり、売上げは8800万円でした。前期もほぼ同じ。コロナ禍真っ最中のときは、巣ごもり需要があったので9000万円以上になっていました。この売り上げがなかったらけっこう厳しかったと思います。コロナに助けられましたね」

　販売高は横ばいか、多少、上向いているということだ。売れ行きを急激に落とし、次々と閉店している街の本屋を思い浮かべると、好調と言っていい。

「でもたまたまです。来年はわからない。これだけ売っても営業利益ほとんど出ないか、ちょっと赤字くらいなので、やはりもっと売り上げを伸ばさないとダメですね」

　資金面では、公庫はほぼ返し終わるところ。書店仲間に頼んだ私募債は、再度借り換えた。

「5年前はスタートしたばかりで借り入れもだいぶしていたので、けっこうお金があったんです。もちろん借金ですけど。

いまはタイトな感じでやっています」

　棚づくりで腐心しているのは「棚の見せ方もある程度、定番を持たせつつ入れ替えていく」こと。「在庫を減らして店を見やすくした方が売れる」というのが実感だ。

　大きな変化は、コロナ禍を経て営業時間を短縮したことだ。以前は平日の閉店時間が22時、日祝日は21時だったのを２時間早め、平日20時、日祝日19時にした。開店時間は10時（平日）のままだ。

「以前は夕ご飯の後、寄ってくださる人がけっこういました。ちょっとお酒が入り、財布の紐《ひも》が緩《ゆる》んだ感じで本を買ってくださった。でも、コロナ後は、このあたりの方は夜に出歩かなくなりましたね。平日は午後7時に閉めてもいいぐらいです」

　店舗を回す人員も少なくなった。５年前は笈入さんのほか、パート・アルバイト６人で回し、経営者の妻として、笈入さんのつれあいも店頭に立った。ときにパート・アルバイトが８人だったこともある。それが、現在は笈入さんとつれあ

書店の協業組織「NET21」の仕組み

　往来堂書店の笈入建志さんは、書店の協業組織「有限会社ＮＥＴ21」の取締役を務めるとともに、広報を担当している。中小規模の書店が連携し、ＰＯＳ（販売時点情報管理）レジで収集したデータで販売動向や売行き予測を共有したり、仕入窓口を一本化することで出版社との交渉力を高め、円滑に商品を調達するしくみをつくったり、ブックフェアなどを共同で行ったりしているグループだ。それぞれの書店の屋号は残しつつ、仕入部分は同一法人にすることでスケールメリットを追求する。いわば書店の生き残り策のひとつとも言える。

　過去の取材で聞いた話も含め、笈入さんには、そのＮＥＴ21の取り組みも尋ねた。

　ＮＥＴ21は、任意団体の時代を経て、２００１年６月１日に法人化した。この時点で出資して参画した書店は12法人だった。会員書店は15年時点で27法人50店舗弱に増えたものの、創設から20余年を経た23年には、22法人25店舗に減少した。直近の2年間では10店舗が廃業ないし閉店したという。果敢な攻めの組織とはいえ、やはり中小書店には厳しい現実があるようだ。

　現在の加盟書店は、往来堂書店のほか、恭文堂書店（東京・目黒）、今野書店（東京・西荻窪）、伊野尾書店（東京・中井）、第一書林（東京・新小岩）、ブックランドサンクス（兵庫・宝塚）と、それぞれ地元で定評のある書店が目白押しだ。

　ＮＥＴ21の具体的なしくみはこうだ。仕入れ窓口を一本化するために、加盟書店をＮＥＴ21の支店扱いとする。ばらばらだった取引取次は栗田出版販売（当時。大阪屋栗田を経て現在は楽天ブックスネットワーク）に集約し、取次への支払いは各店ごとではなく、ＮＥＴ21の共同仕入れ口座経由にした。

取次には入金報償という制度がある。毎月、書店には送品した図書類の請求を行うものの、後から返品が出ることから、実際は請求額の8割とか7割とかに調整して支払っている書店も多かった。そこで取次は、入金を促進するために、請求額の90%とか100%とかをきっちり支払う書店には、報償として1～2%の歩戻しをするしくみを設けた。

いまや銀行に預けても金利0%時代である。マージン20%強の書店にとって、請求通りに支払うだけでこれだけのバックペイ・バックマージンがあるのは大きい。歩戻しのパーセントは取次ごとに異なり、具体的数字は公開されていないものの、総売上高によってランクがあり、報償のパーセントもかわる。支払い口座を一本化すれば取引高が大きくなりパーセンテージも高くなる。スケールメリットを追求できるわけだ。

また、POSレジを通じて集められた販売データは、それぞれの書店が互いに見ることができるようになっている。笈入さんは、NET21に参加する書店のうち、とりわけ今野書店の数字を気にかける。20坪の往来堂書店が60坪の今野書店の半分以上の冊数を販売したらよく売れた、少なかったら売り逃しているという判断などに利用しているそうだ。POSデータは出版社にも廉価で販売している。

小規模の書店がまとまることで取次や出版社との交渉力が強まり、他店の売れ行きを把握することで、販売の効率化と経験の共有が進む。売れていることを確認して仕入れにいかすだけでなく、売れていないことがわかれば早々に見切りを付けられるという効果もある。さらに、売れ行きや経営状況を参加店にすべて公開することで、互いに改善点を指摘しあったり、売り上げアップの方策を相談しあったりする環境も整う。各書店の決算書もオープンにしているという。

加盟店の経営者が集まる定例会を月1回開き、店長会や文庫・新書・児童

いのほか2人になった。営業時間が短くなったので、夜のアルバイトを手当てする必要がなくなり、二交代制を取らなくても対応できるようになったからだ。その結果、人件費が多少減り、売上げもさほど変わらないので効率化したようだ。

「ただ、売上げが変わらなくても客数が減っているんです。買う人はより買ってるんだけど、来なくなってる人はいると思う。やっぱり雑誌が売れないんです。本屋って、全方位的にお客さんを迎え入れる商売ではあるんですけど……。書籍を購入するお客さんは増えているようなので、より本を買うお客さんに向けてお店をつくっていかないと、と思っています」

コロナ禍で開催できなかった著者のトークイベントなども復活している。店内の書棚や平台に車輪を付けて隅に移動できるようにしたことで、30人ほどの来場者にも対応できるようになった。テーマによってはウェブ視聴もできるようにした。最近では『キッチンミノルの写真教室』(筑摩書房)の刊行に合わせて、著者

書・実用書などジャンルごとの担当者が集まる勉強会も頻繁《ひんぱん》に行っている。成功事例を報告し合ったり、企画を練ったりもする。大手・中堅の各出版社と仕入れなどを相談する担当者は、加盟書店の店主らにそれぞれ割り振り、窓口を一般化した。出版社側も担当者一人と話し合えばいいので効率化のメリットは大きい。

独自のフェアにも取り組む。数年前に、出版社と提携し、非再販となった料理書などの実用書のコーナーをつくり、カバープライスの50％で販売した。

２０２３年9月には「２０２３年NET21クリスマス児童書商談会」を開いた。クリスマス商戦に向けて、金の星社、白泉社、偕成社、アリス館など児童書出版社20社ほどが参加し、NET21に加入する書店だけでなく、一般書店も会場に足を伸ばしたという。

笈入さんは「通常であれば小さい書店には、取次の配本に任せたら来ないようなものも、ちゃんと3冊5冊のレベルで届くようになりました。逆に、たとえばビジネス書はうちはもういらないからゼロにするとかもやりやすい。取次のパターン配本に任せていると非常に無駄が多いし、売り逃しも多いという意味では、取次が正確にはやく運んでくれればいいっていう方向にどんどんいってます」と語る。

協業化のそもそもの発想も取次頼りというわけではない。

「自分たちで仕入れてきて自分の店で売るんだよっていう考えから始まってるんです。だから取次から送られてくるのを待っているのではない。どうやったら必要なものを仕入れられるのかなというところからNET21の取り組みがあるんです」

書店も厳しいが、取次も流動化する激動期にある。書店どうし踏み込んだ情報交換の場があるだけでも心強いのかもしれない。

による写真教室を開催している。

「手間がかかり、儲からないといえば儲からない。そんなにしょっちゅうはできない。でも、本が好きな地元の人に喜んでもらえるようなイベントにして、お客さんをつかんでおけば、ふだんから来てもらえると思うので。いまはお客さんと読書会をやってみたいと考えているんですよ。（本好きに知られるも閉店してしまった鳥取市の）定有堂書店が『人文書でお友だち』と言っていましたが、そこまではできないにしろ、ああいう読む会をイメージしています。いま企画を進めていて、年内（23年）にはできないかと思っています。それを月1回とか2回とか開けるようにしたい」

読書会は空犬太郎さんをナビゲーターに実現した。直近の課題作は高山羽根子『首里の馬』（新潮文庫）だった。

笈入さんは「やり方自体は変えてない」と言うものの、街の本屋として日々挑戦を続け、成果を上げていた。

（『創』２０２３年12月号の記事を改稿）

惜しまれながら2023年に閉店

閉店したちくさ正文館・古田店長が語った

2023年7月31日を最後に、ちくさ正文館書店本店が閉店。店長だった古田一晴さんの話を聞きながら考えた。棚づくりや接客といった現場の書店員の仕事は、これからどこへゆくのか？

石橋毅史【フリーライター】

ちくさ正文館書店本店の最終営業日から2カ月が過ぎた2023年10月初旬、店長だった古田一晴《かずはる》さんに会いに行った。

ちくさ正文館書店は1961年12月に谷口暢宏《のぶひろ》さん（2017年、82歳で没）が名古屋市千種区で創業。市内の大学や駅ターミナルにも支店を出すなど業容を拡大した時期もあるが、収益の柱である学習参考書の売上げ低迷、建物の老朽化などから、現社長の谷口正和さんが決断した。本店は閉めたものの、外商部と名城大学内の支店は営業を継続している。

ちくさ正文館書店本店（以下、ちくさ本店）は、地域の読書家が通う店であったと同時に、全国の出版社、書店にも存在を認められていた。もう10年前になるが、当時は岩手県盛岡市で働いていた書店員からこんな話を聞いたことがある。

「この前、ついにちくさ本店を見てきましたよ。出版社の企画説明会で東京へ出張した際、同僚と『明日は休みだな』『行くしかないだろう』と、そのまま自費で新幹線に乗って。時間の許す限り、穴のあくほど見つめてきました」

〝ちくさ詣《もう》で〟と呼ばれるこうした現象を生んだのが、古田さんの担当する人文社会書、文学書、芸術書の集まるスペースだった。広さは40坪弱、本店の売場全体の4分の1ほど。高額の分厚い全集なども並べて各分野の歴史や系譜を示すこと、常に新たな作者を発掘し、紹介することを意識した古田さんの棚は、支持者が多かった。

古田一晴さん

閉店を惜しむ声は多いが、この20年ほどの書店業の趨勢《すうせい》からすれば、粘り強く続けていたともいえる。そもそも専門性の高い書籍は、棚の充実が店の評判につながることはあっても、大きな売上げになる商品群ではない。定収入となる雑誌や学習参考書、大量部数を売れるコミックなどが支えるという構図があった。だが、それらも減収基調となって既に長い。この十数年のうちに開店した書店は、本だけでなくイベントや飲食物の提供など様々な展開を絡めることが多くなっている。

棚づくりや接客といった現場の書店員の仕事は、これからどこへゆくのか？ 古田さんの話を聞きながら考えた。

客とは「50％ずつ」の関係が面白い

古田さんは1952年生まれ。78年にちくさ正文館書店の社員となったが、その4年前からアルバイトとして働き始めたそうで、ほぼ半世紀にわたって勤めたことになる。閉店後、8～9月は残務処理に追われていたが、その後は出社日を減らし、会社が創業した経緯、自身が入社する前後の出来事などを、古い資料を掘り返し、見直しているという。

「閉店を発表してから、お客さんの反応が想像以上に大きかったんですよ。人生の岐路で重要な本に出合った場所だった、救われた……そういう言葉って、ふだんのやり取りでは出てこないよね。最後だから言っておきたいという人が多くて、もちろん自分にとっても大きな出来事だし、本屋ってのはどういう場なんだと、もう一回考えたいと思ってるんです。ま、こうなってからじゃ遅いんだけど」

――ちくさ本店が愛された理由を、どう自己分析しますか？

「いやあ、自分じゃわからないね」

――店を訪れるたびに、古田さんは出入口のあたりで客と話していました。重要な情報交換なのか、ただの雑談なのかわからないけど、楽しそうに喋っていた。人と交わるのが好きで開放的な感じ、いっぽうで棚に並ぶ本はゴツゴツと硬質な感じ、この2つが合わさった独特の空間だったという印象があります。

「本屋というのは、簡単にいえばそれがすべてでしょうね。本と人、人と人がつながる場所。経営者だったら仕入れだとか数字だとかシビアな話も出てくるだろうけど、現場としては」

――棚を眺め、古田さんと話すと、いつも知らないタイトルや作家名のオンパレードになる。こっちも貪欲《どんよく》でないとついていけない。

「働きだした頃は、個性を出すことに注意深くあろうとしたんだよ。やっぱり、お客さんのほうが知ってるわけで」

――あくまでも主役は客で。

「そう。でもそのうち、相槌《あいづち》ばっかり打ってたってしょうがねえってことがわかってきた。作家の話をひとつされたら、こういうのもありますよね、と自分の持ってるもんをぶつけてみる。一発のやり取りで通じあえた人もいるし、10年、20年かけてそうなった人もいるけど、とにかくお互い50%ずつの、ただの客と従業員じゃない関係のほうが、面白いじゃないですか」

　そうした独自の関係づくりをいつ会得《えとく》したかは定かでないが、大学の先生たちとの交流は印象に残っているという。専門は経済学でも芸能に詳しかったり、学ぶことが広くて深い。それでも、上下関係を超えて付き合うほうが、相手も喜んでくれた。

「その一方で、あくまで客が上だって感覚も忘れちゃいけないんだよね。若い人から教わることも多いわけで」

書店員としての「表現」

　出版社を始めとした仕事相手との関係も、少しずつ変わっていった。古田さんがアルバイトの書店員となった1974年、書籍の年間刊行点数は2万点を超えたところだったが、82年に3万点を、90年に4万点を突破する。出版物の流通量が急増していく過程で、生まれては消えていくタイトルから〝良書〟を選び、魅力的に陳列する力をもった書店員が登場し、敬意が向けられるようになっていった。古田さんも、いつしか名物書店員として名が挙がるようになった。

「デザインや造本も含めた、本じたいの力が上がったことは重要だったよ。自分の扱ってきた分野でいうと、僕がちくさに入ってからしばらく、1970年代までの芸術書は未成熟だったと思う。洋書のほうが魅力的で、国内のものはあっても専門家向けだったり、読者が限られていた。80年にリブロポートが出てきたのが大きかったな。ペヨトル工房の出現も同時期だったね。大きな出版社の出す美術全集の造りも充実してきて、さらに他の分野のデザインにも波及して、売場が変わっていった」

　古田さんの著書『名古屋とちくさ正文館』（論創社、2013年）の中に、まだ20代後半の頃、大がかりなフェアを連続して手がけたことで《自分の書店員としての表現に対する手応えを感じることができた》と語る場面がある。

　古田さんは学生時代から映画、映像制作にたずさわり、今も作品を披露するなど表現者の一面があるので、この発言には彼特有の響きも含まれる。ただ、出版点数が急増していくにつれて書店員の棚づくりは確かに「表現」となった。なにを仕入れ、なにを外しているか、棚をどう編集しているかは、書店の魅力をはかる大きな要素になった。

「この隣にはこれがなきゃいけないというのは常に考えていたし、そこは譲れなかったね。たとえば、現代詩だったら吉田一穂はなくてはいけない、瀧口《たきぐち》修造の著作集が出たらそれは全部置くべきだ、と僕は考える。普通の本屋だったら、それで何冊売れるんだ、冗談じゃねえというかもしれないけど、棚というのは核になる本が必要です。それがあればいろんなバリエーションが可能になる」

「もうひとつ重要なのは、それが僕の入

棚を見つめている客が多いのが特徴だった

る前から、創業者が持っていた姿勢だったということ。だから、たどり直しておきたいんだ。創業者はあの時、なぜあんな大がかりなフェアをやらせてくれたのか、そもそもどういう考えで書店を始めたのか、そういうことを」

ジャンルで分けるのは命取り

——会社を辞めようと思ったことはありますか?

「なかったと思う。周りはいろいろ、思いつめたり、迷ったり。俺はあんまり、そういう時期はなかった」

本屋・古田一晴さんのもうひとつの特徴は、半世紀にわたってひとつの書店に勤め続けたことだ。経営者にならなかった、とも言い換えられる。

——こういってはなんですが、古田さんは職場でわがままな人だったのではないか(笑)。周囲にとって扱いにくい面もあったのではと推察します。ひとつの職場で長く続いたのはなぜですか?

「そこは、我ながら不思議ですね」

——経営者とぶつかる、会社の方針と合わない、もちろんリストラや閉店もあって、転職や独立をする書店員はとても多いわけですが。

「個性的で、優秀で、自分の思うようにやりたい。そういう人が多いんだけど、俺は、与えられた環境でできることを考えるタイプなんですよ。環境を変えたい人、主張の強い人が辞めるのかな。ただ、俺だってたまたま場所が与えられたんであって、他の書店だったら……」

——1日で辞めてしまうかも?

「相手にされなかったかもしれないね」

——古田さんの担当したスペースは、ミニシアターの名古屋シネマテーク（2023年7月28日に閉館）やライブハウス、小劇場の、その時期の演目に関連する作品があったり、近隣の施設とも連動していました。店の外に網の目の繋がりがあったことも、本屋としての継続性につながっていたのではないですか?

「確かに、この仕事を本というジャンルだけで考えないこと、常に自分のできる範囲でジャンルを超えていくことは大事だと思っていたね」

——書店や本を既定の枠で括《くく》らないことが重要だと、過去にも何度か話していますね。

「最近は、書店を見て歩くことも増えたんですよ。基本的に楽しんでるし、自分のアンテナがキャッチするものが新鮮なんだけど、大型書店が売場をジャンルで区切ってるのは、どうしても気になるんですよね。そのほうが店にとっては管理しやすいし、お客さんだって探しやすいのはわかってる。でも、本をジャンルごとの棚に並べるだけというのは、僕は命取りになると思う。レジを無人にすることなんかもそうだけど、そういう一つひとつが、意外な本と出合う可能性をつぶしてしまう。ま、こんなこと言ってる俺が古いんだろうけど」

規模の大小にかかわらず、既存の書店が雑誌、文庫、新書、コミックとコーナーを分け、単行本は文芸、社会、科学……とプレートを掲げているのは、もはや長年にわたる常識だ。でも、人の抱える知識、思考、関心、悩みは、そんなふうに整理されているわけではない。もっと個別的で、複雑である。既定のジャンルの棚にただ収められることで存在感を失い、良い出合いをできずに終わったタイトルも多いのは確かだ。

本は多様性の象徴

——ところで、古田さんが自己資金を投じて書店をやるとしたら、どんな店にしますか？

「どうかな。あまり変わらないと思う」

——古田さんが受けもっていた、あのスペースの再現になる？

「もっと狭くなるでしょうね。ひと一人の持ち味でやれる範囲には限界があるし、個人でやるなら、よりプライベートに、限定的にすると思う」

——そもそも、独立して自分の店をやりたいと思ったことがない？

「経営と現場の両方というのは、僕にはできない。それと、今みたいに取次に口座のない書店でもメジャーな出版社の本を仕入れられるなんて、昔だったら絶対になかった。取次と口座を開いたとしても、何年もかけて実績作りからやらなきゃいけない。書店経営が難しいことは入ってすぐにわかったし、だから僕はある意味で、すごく現実的だったかもしれない。自分の店を持つことを思い描くより、与えられた目の前の売場をどうするかをずっと考えていたね」

熱心に働く書店員から、古田さんと同様の話を聞くことがある。本が売れにくい時代になって久しいことは実感しているし、売上げと経費のバランスをとらなくてはいけないこともわかっているが、「本」や「客」と向き合うために本屋になったのだから、常に売場に立ち、品揃えと接客に集中していたい。両方と向き合っている個人経営、家族経営の店主には贅沢《ぜいたく》に聞こえるだろうが、経営者と従業員で視点やスタンスが異なり、時にせめぎ合うことは、むしろ欠かせないことなのかもしれない。

——閉店3日前の店内で、半世紀以上ちくさ本店に通っていたという人が「古田さんは、売れない本もたくさん棚に置いて、我々に見せてくれた。それが良かったんだ」と話していました。あまりにストレートな、本の業界にいる人にはない言い回しです。でも、とても印象的な賛辞でした。

「確かに、びっくりするほど売れないことだってあったよ」

——それでも、置くべき、見せるべきと思う本は並べるのが本屋であるというのが、古田さんの信条だったということになるでしょうか？

「経営者からしたら、冗談じゃねえよ、従業員の給料も光熱費も払ってるのはこっちだよ、ということになるよね。それが前に出てくると、話はそれまでになっちゃう。経営者の側に立てば保守的になっちゃう場面も多いし、だから、やっぱり僕は経営もやることは考えられなかった。どうしてもやらなきゃいけないとしたら、自分ひとり食っていければというところまでだね」

——本をジャンルで区切らないという、さっきの話に加えて、本は多様なものだ、世の中の多様性を象徴するものだという意味の言葉も、古田さんはこれまでに繰り返し強調しています。

「本屋っていうのはそれが可能な場所だ、それを示す場所だっていうのは、ずっとあります。そこは、どこでどんな本屋をやっていようと、ずっと変わらなかっただろうね」

——その多様性を維持するには、書店が自由に、多彩な本を仕入れ、棚に並べる余裕をもてる状況が必要では。

「閉店した時のお客さんの声から、本ってこういうものだ、本屋ってこういうものだということを受けとってくれた人が多かったことは感じてます。大勢の若い人にも出会って、受け継がれていくものもあるんだと思う。ただ、この界隈で数年のうちに出てきた本屋となると、TOUTEN BOOKSTORE（名古屋市熱田区、2021年開業）とか、ごくわずかだよね。もう少しあると頼もしいけど、支えになるものがどんどんなくなっちゃってるのも確か。このままでは、ヤバいよね」

閉店3日前、スリップの束を手に棚と向き合う

2023年10月、古田さんは『本の虫二人抄』（劉永昇氏との共著、ゆいぽうと）を上梓《じょうし》した。朝日新聞名古屋本社版の連載をまとめたものだ。多くの回は1冊の本をとりあげており、たとえば、

《暑い夏に平積み仕事で汗をかかせてもらった又吉直樹の『火花』（文藝春秋）の売れ行きが落ち着いた。200万部を超えたという。しかし今回は、ほぼ同じ時期、1000冊に満たない規模で刊行された一冊の本について》

という書き出しから『忘れられた詩人の伝記』（宮田毬栄）を《本気になって売りたくなる本》と紹介。村上春樹『騎士団長殺し』が話題となった時期には、その狂騒を話題にしつつ《地方の小さな出版社からひっそり出ている本の話を》と、山口県山陽小野田市の創林舎から出た『世紀の地獄めぐり ディーノ・ブッツァーティ作品集』について語っている。古田さんが本屋の役割をどう考えてきたかが端的に伝わる。

2023年12月1〜3日には、解体の近づく本店ビルで、店の歴史を振り返る写真なども展示した古書市「グッド・バイ ちくさ正文館 本の市」が開かれた。本屋に関連する書籍を多く刊行する夏葉社は、閉店当初からちくさ正文館と古田さんの仕事の軌跡を記録した本の制作に動いた。

（月刊『創』2023年12月号の記事を改稿）

地域の人たちはどう取り組んだのか

「地域の本屋」をめざした那須ブックセンターの軌跡

「地域の本屋」をめざして栃木県那須町に誕生した那須ブックセンター。残念ながら閉店となってしまったが、「那須ブックセンターを応援する仲間たち」など地域の取り組みの軌跡を追った。

長岡義幸
【インディペンデント記者】

経営的に成り立つ街の書店のモデルを模索し、あえて新規出店をしたのが、那須ブックセンターだった。だが、残念なことに2021年12月31日に閉店した。2017年10月13日の開店から4年間ほどで力尽きてしまったかっこうだ。

創業者の内田眞吾さんは私財をつぎ込んで開店資金に充てた。当初用立てたのは3000万円強だったが、さらに運転資金がかさみ、合わせて4000万円の負担に及んだ。

月商300万円超えを目標にしたものの、達成したのは閉店を決めた最後のひと月だけだったという。閉店と聞き、地元の人が殺到したからだ。しかも4年間にわたり「正直言って、200万円を超えたことがほとんどない」(内田さん)という厳しさだったという。従業員の給料と、家賃や設備のレンタル代などのランニングコストを支払うと完全に赤字だ。付言すると、内田さんら役員はもともと無報酬だった。

撤退後に内田さんに話を聞くと、「いろんなことを考えて書店を立ち上げたのですが、やっぱり無理があったのかと思ってやめることにしたんです……」と、無念さを語っていた。

営業中の那須ブックセンターはどんな店だったのか、当時のレポートを抄録し、閉店後、内田さんに那須ブックセンターでの経験を振り返ってもらい、新刊書店を成り立たせるための課題を聞いた。

リゾート地の「街の本屋」？

書店空白地域をなくそうと立ち上がった「那須ブックセンター」

東北新幹線那須塩原駅を降りて那須高原のホテル行きのバスに便乗し、30分ほどでリゾート施設の集まる地域に到着した。目指す那須ブックセンターは、ホテルの手前の幹線道路沿いにあった。道路を挟んだ向かいには栃木県那須町立那須中学校の校舎が見えるものの、周囲に大きな商店街や住宅街があるわけではない。標高500メートルに位置し、森や畑の間にレストランや民家、別荘が点在する、いわゆる郊外型の立地だった。

リゾート地の書店だから、店主のこだわりを反映したオシャレ系のセレクト店を想像してしまいそうになるけれど、間近にみた店舗はもともとコンビニだったという、その雰囲気を残した建物だ。店舗前には郊外にある書店の定石通り、広めの駐車場もある。

店のなかは、雑誌棚がもっとも目立つ位置にあり、実用書から文芸書、一般書、文庫、新書、児童書、辞書・学参、コミックと一通りのジャンルを揃えた、一見ごく普通の街の本屋という風情《ふぜい》だ。売れ筋重視の最寄り型書店のようである。

いままで書店のなかった地域であればこそ、お客の需要に忠実な街の本屋が求められていたのだろう。尖《とが》り過ぎたり、逆にふわっとした品揃えでは、お客予備軍の大多数を寄せ付けなくなってしまったかもしれない。

ところが、店長の谷邦弘さんは、「開店したばかりの時にやってきたお客さまが、期待していたものとは違う、もう行きたいとは思わない、とブログに書かれていました。もう一度、うちの店に来て棚を見てほしいと思っているんですよ」と語った。

開店当初、充分に手を掛けられないまま、取次の提案する商品構成で売り場をつくらざるを得ず、その後、谷さんやスタッフらが徐々に売り場に手を入れてきた。その耕された今の棚を改めて見てほしいというのだ。

確かに、那須ブックセンターの棚をじっくり見ると、一味も二味も違っている。目を惹《ひ》いたのは、総合雑誌とともに並んでいた『狩猟生活』というムック誌。大手総合誌と遜色《そんしょく》ない売行きという。高原にある書店だからこそのラインアップだ。やはりこの地域ならではと言えるアウトドア関連書の棚も面白い。入門書からディープな本まで奥行きを感じさせる品揃えだ。

郷土本の棚も充実していた。『那須の昔ばなし』は開店以来、96冊を販売するベストセラーだ。那須に移住した久田恵や宇都宮市出身の立松和平といった郷土作家の書籍も小まめに揃える。

文庫の平台には、栃木県も旅したイギリスの旅行家イザベラ・バードの一連の著作や民俗学者の宮本常一の著作も一カ所に集めたり、散り散りに置いていたりした。岩波文庫や講談社学術文庫も充実していた。地元住民や別荘地に暮らす人々の嗜好《しこう》を感じさせて興味深い。

お客と書店のスタッフとの相互作用のゆえなのか、一般的な書籍や雑誌を並べつつ、そこから深みに導く仕掛けが店全体に隠されていた。書店のない地域に新しい書店ができることの意味や価値を見せつけられたような気がした。

私財を投じて新規開店

那須ブックセンターを立ち上げたのは、語学書を中心に刊行するベレ出版の創業者である内田眞吾さんらだ。

北海道の留萌市では最後の書店が閉店し、地元の人々が市役所や北海道庁の出先機関と連携して「三省堂書店を留萌に呼び隊」を結成。官民一体の書店誘致活動が功を奏して、2011年に「留萌ブックセンターby三省堂書店」が開店した。「呼び隊」はその後、「三省堂書店を応援し隊」に改組され、店内での読み聞かせやイベントの手伝いなど恒常的に書店とかかわりを持っている。内田さんはこのような書店のない地域の行政との連携を全国に広められないかと考えていた。

もう一つ、内田さんの念頭にあったのは、青森県八戸市に誕生した「市営書店」の八戸ブックセンターだ。この書店は、初期費用のみならず、毎年数千万円の運営費を市が補塡《ほてん》している。しかし、立ち上げ資金が何とかなれば、その後の運営は公的な支援がなくても日々の売り上げで維持できるモデルをつくりたいというのが、内田さんの考えだった。

那須で書店を始めたのは、偶然の重なりによる。

内田さんと職場をともにしたことのあるフリー編集者の小中強志さんが那須の別荘で過ごしていた。その縁から道の駅にある建物の一画を書店として無料で借りられないかと町役場に持ちかけたところ、好意的な反応だったものの、諸々の事情から実現したとしても時間がかかりそうだった。

小中さんは、空き家になっているコンビニエンスストアを見つけ、内田さんに連絡し、書店向きの物件ではないかと内田さんは所有者を探して、家主の相馬久夫さんに電話を入れた。ところが、農家を営む相馬さんが旧コンビニ内の事務所にいるのはまったくの不定期。にもかかわらず、午前中に電話がつながった。相馬さんはこう振り返る。

「内田さんから聞いたのは、理想の書店をつくりたい、ただとは言わないけれどただ同然で貸してくれませんか、という話でした。検討しますとは答えたけれど、わざわざこっちから電話はしないですよね。ところが1週間後、夕方に事務所に行ったら、見計らったようにまた電話があった。聞いたら、先日に続いて2回目の電話だという。運命的なものを感じましたね」

相馬さんは、固定資産税相当の格安の家賃で賃貸することを決めた。

内田さんは、経営母体として「株式会社書店と本の未来を拡める会」を設立。内田さんが代表に就任するとともに、留萌ブックセンターの立ち上げにかかわった三省堂書店の元専務、森雅夫さん（開店後の18年4月に死去）と編集者の小中さんが取締役として側面から支えることになった。しかも3人とも無給の役員だ。

内田さんは私財を投じ、書店開業時の初期費用3000万円余を用立てた。内装費が1500万円近く、商品代が2000万円という内訳だ。

店長になった谷さんは、進駸《しんしん》堂や藤村書店秩父店などの書店の現場や店長を経験したベテランだ。内田さんらが経験を生かしてほしいとスカウトした。

さらに家主の相馬さんや十数年前に那須高原に移住した鐘ヶ江惇さんらが「那須ブックセンターを応援する仲間たち」という会を立ち上げた。

鐘ヶ江さんは「相馬さんがやっていたコンビニには毎日通っていました。書店ができると聞いて感激しましたね。でも本屋の経営が厳しいことも知っていました。応援しないと、と思ったんです」と会をつくった経緯を語る。

「地域の本屋」をつくるモデルに

幽霊会員が多いというものの、「仲間たち」のメンバーは名簿上、400人にまで広がった。10人ほどの中心メンバーで定期的に会議を開き、通信の編集や古本市などのイベントの計画を練ったりしている。通信は毎号3000枚を印刷し、町内のレストランや商店、様々な施設などで配布をお願いしているそうだ。

身近に書店があってほしいという地域に潜在していた思いと書店を維持できるモデルを模索していた内田さんらとの幸運な出会いがあったわけだ。

内田さんが読書推進運動協議会の機関紙（18年2月15日付）に寄せた文章では、「『地域の本屋』が必要です！」と題して、〈私たちの書店が目指すのは、「地域の老若男女が集い、各々素敵な本と出会える場所」、いわば小さい総合書店です。雑誌、コミックだけの店や店主の好みを反映したセレクトショップでは不十分です。／仕入れと人件費などの経費をまかなう、持続可能な売り上げが必須条件です〉と那須ブックセンターを紹介した。さらに、〈地方の書店業はいまや公共事業（あるいはボランティア）と民間の商売でしか成り立たないところに来ています。全国の市町村が家賃無料で建物を提供し、棚などの内装費と初期在庫を負担してくれれば地方の本屋は維持できるのでは?〉と、書店維持の方策も提案していた。

内田さんは「月商300万円が目標です。無休から週休1日にして、2年目の売り上げは1日あたり2割強増えました。初期費用については、回収までは考えていません。赤字なしのトントンになればそれでいい」と考えた。開業時の初期費用分は行政が負担し、ランニングコストは売り上げでまかなうモデルが成功すれば、書店のない各地の自治体も後に続いてくれるのではないかと、内田さんは期待した。

那須ブックセンターのその後

内田さんは那須ブックセンターの試みを振り返り、既存の街の書店を支えるためにはどうすればいいのかを語った。

《どんな本屋をつくったらいいかを考えた時、私は子どもたちのためという意識が強かった。自分好みの本でセレクトショップをやったら成功するかというと、成功もしないでしょうが、都会でなければ、セレクトショップをやる意味も少ないんじゃないかと思いました。

田舎の本屋がないところで本屋をつくるとなると、小さな店であっても老人も子どももみんな対象になるような総合ショップでなければいけない。まわりからは「総合ショップじゃ成功しないよ」とずいぶん言われました。もちろん成功させたかったんですけど、成功したいがためにやったのではなくて、始めたからには持続させたかった……。

余談になりますが、コロナの補助金を受けるには前年の売り上げの半分になるというのがありましたよね。実は正直言って迷ったんです。1カ月休んだらけっこう補助金もらえるな、と。

でも、そういう時こそ店を開くためには本屋をやっている、店を閉めることはあり得ないという意見を聞き、まったくそうだなと思ってそのまま継続しました。

大事なのは老若男女のお客さま。田舎に行くとけっこう知識人はいるのに本が売れない。軽い雑誌とかばかりになっている店が多いんです。軽い本がいけないとはひとつも思いませんけど、それなりに知識人が地方にもたくさんいらっしゃるのに、それではもったいない。だから総合書店でやろうとも思いました。

当時、三省堂書店の専務だった森雅夫さんと話していたとき、もしどこかで書店をやるなら最低3000万円は要るよと言われ、そのぐらいのお金だったら、まあいいわと思って。

ほんとうの専門書レベルのものは置けないにしろ、教養新書みたいのは置きたい。経営書も実用書も児童書も置きたいということなら最低50坪はいる。在庫は2000万円ぐらいというのが頭にあり、内装は1000万円で間に合いそうでしたが、ちょっと贅沢《ぜいたく》して1700万円ぐらいと考えたんです。ランニングコストだけ賄《まかな》えるようになれば継続できるのだから、要するに最初の3700万円は寄付。私が寄付すればいい、というふうに思いまして》

《実は物件探しにいろいろなところをドライブしたんです。小学校の廃校なら、ただで貸してあげるというのはけっこう多かった。喫茶店なら成り立ちそうでしたが、本屋は……。

那須町でようやく、考えられないぐらい安い家賃で「本屋なら私も必要だと思う。文化のために貸してあげるよ」っていう人がいらっしゃったおかげで、那須ブックセンターを開くことができたんです。コンビニだった時は、1日に70万円とか60何万円とか売ったことがあるというお話しでした。近くにセブンイレブンができて、対抗するには24時間営業にしないといけないと廃業しちゃったそうです。こういう立地なので、本来ならいく

那須ブックセンター店内の全景

らでも借り手がいる場所だったんです。

月商３００万円が目標で、２５０万円でもやっていけると考えました。トーハンさんに見てもらうと、それと同じぐらいの額を言ってもらえた。でも、正直言って、２００万円を超えたことがほとんどない。４年間やって、一番いい月でもそういうレベルで。３００万円行ったのは、最後の１カ月だけかな。あの時は本屋がなくなるというんで、みなさんが来て、たくさん買ってくださった。

簡単じゃなかったですね。月商２００万円でも。それに、40万円の利益に対して、さらに人件費や機器のレンタル代とかなんだかんだと40万円プラスアルファの赤字が出る。こういうのを含めたら最低でも月商２３０万円は要ったんです。どうしてもそうはできなかった。

ただ、ブックセンターのお客さんが集まって、もとの場所でまた本屋やりたかったみたいな話をしつつ、いくらかでも本屋の代わりができるような、寄り合えるような場所にしたいという話になった。子ども食堂とかイベントスペースとか喫茶店みたいなのとか。

書店をやって思ったのは正直な話、給料ゼロ円でないとダメだったんだな、という……。でも、それは無理ですよね。普通で考えれば

結局、持ち出すばっかりで…

《商品構成では、コミックは置いたものの、一般の郊外の書店から見たらうんと少なかった。売り場のスペースで言うと10%から15%ぐらい。蓋《ふた》を開けてみると、売上げは３%行かない。よくよく考えたら、対象になる年齢のお客さんがほんとにいないんですね。一方で、お年寄りとちっちゃい子どもたちが多かったから、コミックは売れないけど、児童書は売れました。典型としておじいちゃん、おばあちゃんが孫と一緒に来て買ってあげる、というのがすごく多かった。

教養新書は、あまり売れないという話は聞いていたのですけど、専門書を置ききれないなら、せめて専門書につながるような新書だけは充実させようと。いろんな教養新書を置いたところ、これもよく売れました。予想通り実用書、園芸とか編み物とかも売れましたよね。

そういう意味では老若男女に喜ばれたお店になったんだろうなと思います。でも月商１５０万円とか１８０万円とかいうような感じでやってるわけですから、持ち出すばっかりで。結局、私が持ち出したのは全部で４４００万円かな。やめて楽になりました。

ランニングコストが賄えて、普通にやっていけるようなモデルができていれば言うことないんですけど、残念ながら閉

めてしまって。お客さん方からずいぶんクレームというか残念がられる声を聞きまして、複雑な気分ではあります。

どんな商売でもそうなのかもしれませんけど、本屋というのは地域特性がすごくあるんですよね。例えば晶文社の『薪を焚く』という３３００円（本体価格）の本を20冊注文しまして、晶文社の人から「20冊注文来たけど、部数を間違ったのではないですか」と問い合わせがあったほど。でもきれいに売れましたね。『狩猟生活』も、あの場所だから売れるだろうと思いました。

文庫なんかでも、集英社文庫の『本日も休診』を書かれた見川鯛山という方が開いた病院が近くにあったので、実質品切れになっていたのですが、なんとか手に入れて売ったらこれもよく売れました。店長が出版社に頼んで重版してもらえないかという。１０００冊とか２０００冊とかうちで扱うというのもたいへんな話なので、残念ながらできませんでしたけど、やっぱり地域特性というのがある。

ただ、それをひとつのパターンにあてはめてやるというのはなかなか難しい。

だから、そこに住んでいて、そんな深い知識がなくても、地元の人と対面しながら、いろんな工夫をしていくようなことができて、店が自分の自宅で、極端に言うと家賃もいらない、給料もいらない、ほかのところで生活ができるだけの収入あるよ、という方なら本屋もやっていけるのかもしれないな、というふうには思いましたね。

それから、正直言って、そんな売上げだったら、取次も本屋をやってもらわない方がいいぐらいではないでしょうか。おそらくですよ。実際は取次に励ましてもらい、応援もしてもらいましたけど、経済的なことだけで言うと、そういうレベルの話なんでしょう。

出版社との関係では、例えば、先ほどの３３００円の本なら、20冊買い切るから正味（卸値）をどうしてくれっていうことが言える世界になって、割が合わないと言わずに、小さいところを含めてしてあげるようなことを出版社ができればと思うんです。

もうひとつは、雑誌を中心とした配達の問題です。出版社がガソリン代と人件費のためにある程度お金を出し、配達をやっていけるような態勢にしないと、売上げをつくるのは難しいんじゃないか。つまり何を私が言ってるかと言うと、那須で本屋やって強く思ったのは、配達によって地域とのつながりをうまくつくればいいということなんです。

アマゾンなら翌日配達してくれる。でもうちは3日か4日かかりますよと言うと、「いいよ。この本をとってくれ」という人がけっこう多かったんです。

お客さんにとってはプラスにならないですよね。次の日に手に入れられるのを3日か4日経ってからわざわざ取りに来て定価で買ってくれるわけですから。やっぱりコミューンというのは大事で、コミューンを維持するような、本の販売ならではの仕掛けと言うなら、外商というより、配達支援金のようなかたちで応援するようなことがあっていい。そういうシステムがあれば、地方でもやりようがあるかな、と。

なぜ売上げ見込みと実際の売上げがあんなにずれたのかは、はっきりしてました。那須町は、人口2万5000人ぐらいなんです。この人口で商売ができるかなと考えた。それに別荘が9000戸ぐらいあります。別荘の人は年中いないとしても、本を買う人がけっこういそうだからやれるというマーケティングだったんです。けれども、マーケティングになっていなかった。那須町の面積はほぼ東京23区と一緒。店からいちばん端っこに行くのに車で1時間かかる。下手したら商圏とは言えないですよね》

恐ろしいのは本屋がないことに慣れてしまうこと

《4年間本屋をやりましたけど、閉店するという話が広まってから初めて来たっていう人がすごく多かった。もっと早くに来てくれたら、割とリピートしてくれる可能性はあったんでしょうが、50坪の店にわざわざ行こうと思ってもらうのも簡単ではない。人の流れというのを、もっと見ないと。店を中心にして線を描いて商圏がどう、人口がどうという感じのことをやりましたけど、全然そうではなかったですね。

恐ろしいのは、昔から本屋がなかったので、本屋がないことに慣れてしまうこと。だから悪いことしたかもしれないなと思っています。「本屋があることの素晴らしさをちらっと見せたのに、また本屋がないことに慣れさせられてしまう」というようなことを言われて辛かったですね。でも、よくわかります。

本がないのに慣れても、それはそれで生活できる。生活必需品や食料品とは違うんですね。なかなか難しいけれど、やっぱり地域ぐるみで楽しく読書ができて、人と人が出会うというのが大事だと思う。人と本の出会いの場、人と人の出会いの場というのが、地域にあればいい。

私も読書会などもっとイベントを増やし、ネットを活用して情報を発信し、販促することに挑戦したかった。

もうひとつは「那須ブックセンターを応援する仲間たち」の有志から申し出のあった、雑誌を中心にした販促、配達、代金回収の委託はやってみたかった。事故のリスクやガソリン代が賄えるかなど問題はありますが、できなかったのは残念でした。

いまある課題が解決されて、これからも地方に本屋さんができればいいなと思っています》

――細切れの情報を得るだけならネットで充分かもしれない。目的買いなら利便性でネット書店に分がある。だが、未知の世界に誘い、本に溺《おぼ》れる機会を提供し、さらに人と人とがつながる場としてならば、リアル書店に勝《まさ》るものはないのではないか。那須ブックセンターは街の本屋の可能性を指し示してくれるはずだったのだけれど、品揃えがよく、居心地のいい場所づくりをしても限界があった。まるで書店という業態の厳しさを逆照射することになってしまったかのようだ。内田さんの試みが成就しなかったことに心が痛む。

（前半は月刊『潮』2019年6月号掲載記事の抄録、後半のインタビューは本書刊行に合わせた新記事）

地域参加型の書店づくりとは…

地域が書店を支える留萌ブックセンターの試み

『本屋のない人生なんて』を上梓した三宅玲子さんに、取材した北海道の留萌ブックセンターと広島のウィー東城店を中心に、今後、書店が生き残る道についてインタビューした。

三宅玲子［ノンフィクションライター］

三宅玲子さんが上梓した『本屋のない人生なんて』（光文社）は、ネットの「ニッポンドット」での連載「たたかう『ニッポンの書店』を探して」を元に再取材して書かれたものだ。そこでは11の書店のルポを掲載しているが、その中の2書店、北海道の留萌《るもい》ブックセンターと広島のウィー東城店を中心に話を聞いた。

　この2書店は、地域が誘致したもので、特に前者はその後も13年間、地域の人たちがボランティアで書店を支える活動を続けている。これは、地方で有効性を発揮しえる新しいモデルケースといえるかもしれない。書店を支えるために地域でどんなことが可能なのか、考えてみたい。（編集部）

地域の人たちが署名運動で書店誘致

書店の取材を続ける過程で、「留萌に行ってみなさい」と薦めてくれた方がいて、２０２１年4月に4泊5日で取材に訪れました。留萌は２０１０年に本屋さんが一軒もなくなってしまった無書店地域だったのですが、書店が必要だという地域の人たちが署名運動をして札幌にあった三省堂書店を誘致したのです。

　そんなことができたのかという驚きもありましたし、三省堂書店がなぜそれに応えたのかも気になりました。三省堂書店は会社の内規で新店出店は30万人以上の人口の街でないといけないとされているのに、その10分の1よりさらに人口の

北海道の留萌ブックセンター

少ない地域に出ていったのです。

それからもう一つ、誘致ができた後、２０２４年で13年経つのですが、いまだにボランティアチームが続いているというのにも驚きました。

三省堂書店はなぜ留萌に出店したのか。もちろん地元の人たちの熱狂的な渇望があったことが第一の理由ですが、もう一つは、キーパーソンとなった当時の札幌店長、その方自身も北海道の人口の少ない地域のご出身だった。このことは大きいと思います。

店長が東京の本社で何度もプレゼンをされて、突破して行かれるわけですが、なぜ本店を口説けたのかというと、行政との連携が重要ポイントだったと言われます。行政のキーパーソンは、北海道庁の、北海道の小さな町で育った方でした。それぞれ個人の思いを乗せて、異なる立場の人たちが連携して誘致にこぎつけたというのです。この話は大変興味深かったです。

なぜボランティアチームは13年間も支えてこれたのか

そして次に、誘致をしたボランティアチームの人たちが、なぜ13年も店を支え続けることができたのか。例えば、開店当初は雑誌に付録を入れるとかそういうことまでボランティアの方たちがされていたということにも驚きました。私が取材に行ったときには、元校長先生の方が、出張販売を責任を持って運営されていました。

運営をその方に任せられているおかげで、店長さんたちは、お店の営業に注力できます。本来ならお金を払ってされるのが当たり前の仕事を無報酬でされる方たちが、当時から今まで引き続きいらっしゃるというのは驚きですね。

これが何を意味するのか、私もずっと考えていたんですけれども、つい最近思い至ったのは、今も引き続いてボランティアをしている方たちは、自分のためにというよりは、この地域の子どもたちのために本屋はなくてはならないという気持ちがおありなのではないかということです。この土地の子どもたちのため、留萌

『本屋のない人生なんて』

三宅玲子●熊本生まれ。オンラインメディアや雑誌、新聞にて取材・執筆。著書『真夜中の陽だまり—ルポ・夜間保育園』（文藝春秋）『本屋のない人生なんて』（光文社）ほか。

の未来を繋いでいくためにどうしたらいいのか、お考えになっている。子どもたちの日常に書店の存在が必要だと考えられたのだと思います。

例えば前述の元校長先生は本の中で紹介できなかったのが心残りなぐらい魅力的な方でした。そのほかにも、誘致活動の中心になった子育てを終えた女性をはじめ素敵な方がたくさんいらっしゃいました。

元校長先生は現役の教員だった頃に、後に留萌ブックセンターの店長になる今《こん》拓巳《たくみ》さんが、書店員として外商で訪ねてきていて、その今さんに、ちょっとした恩義があったんですね。恩を返したいという思いと、今さんが留萌ブックセンターで頑張っているのを見て、応援したいという気持ちが湧いたとお聞きしました。

ボランティアの中心メンバーはほぼ同じ人たちで、それが13年間も続いたもうひとつの理由は、行政が運営に関わり続けていることです。月に1回、運営会議を、ボランティアチームと書店と北海道庁の三者でやっているそうですが、これには驚きました。行政もこの本屋を守ろうということで、担当が替わっても支援が継続されている。これは大事な点ではないかと思いました。

誘致を決めた当時札幌店長だった三省堂書店の横内正広さんは、その後東京本社に戻られ、常務取締役を経て現在は顧問を務められています。最近もお話を聞くことができました。例えば子どもたちが留萌ブックセンターで買い物をするようにと、留萌市が5000円分の「留萌ブックセンターお買い物券」みたいなものを作って配布する。そういう循環型の仕組みを作れるのは行政の人との連携があってこそだというお話でした。

地方の書店のモデルケース

こんなふうに地域で書店をサポートするという運営方法は今後、地方で広がっていく可能性を感じています。

例えば『本屋のない人生なんて』でも取材した広島のウィー東城店。同店は近隣の人口の少ない町に新しく出店しました。町の内外から本屋さんが必要だという要望があって、それに応える形で出店に進んでいったのです。その時に、出店先となる町の商工会議所や信用金庫の方などが誘致のために奔走されたとうかがいました。

そして、町に本屋があることの意義を理解した地元の不動産会社の社長が協力し、2024年5月10日、庄原市に新しい書店「ほなび」がオープンしました。特にこのケースでは、地域の人たちが開業前に棚に本を並べる作業に参加するイベントを企画するなど、参加型の店作りを試みようとされたところが新しいと思います。作業を通して、町の大人や子どもが、自分たちの本屋だという気持ちを育《はぐく》んでいくことになるのではないかと思いました。

この2つのケースを見ていて、気づかされたことがありました。留萌では、地域の人たちが署名活動をして書店の誘致に成功してその後ボランティアがずっと支えてきたという、一般の民業からするとちょっと常識破りのやり方で書店を運営してきたわけですね。そのことについて取材した時は民業をボランティアが支えることにやや疑問が残ったのですが、最近のこの広島の展開をうかがううちに、留萌は逆に先進的なケースだったんだなと思うようになりました。留萌が十何年前にそういう取り組みをし、今回、広島でそういう事例が出てきたように、書店と地域の人たちが本屋を一緒に育てていこうという流れがあるように思いました。

書店主の方々がおっしゃるのは、大変厳しいと。景気が悪くなってることも一因としてあるけれど、書店経営の厳しさは簡単に歯止めの利かない状況にあるのかもしれません。そんな中で、でも書店は必要というか、なくてはならないということで営んでいる本屋さんや地域の人たちがいます。もちろん、どの書店もやり方が違う、答えは一つではないということなのだろうと思います。

地域の規模や、住んでいる人たちの特性があり、また、書店主の経営についての考え方はそれぞれ独自のものをお持ちです。その中で、どういう書店が生まれ、どういうふうに育っていくかというのは、前もってはっきりと見通せる答えはないのかもしれません。他方、書店主の日々の模索だけでなく、地域の人たちも当事者の一人なんだということですね。本屋が大事だということがどれだけ地域の人たちに自覚され共有されていくかということと、書店の存続は関わり合っています。

書店がなくなってしまった時に、一番打撃を受けるのが他でもないその町に暮らしている自分たちなんだということ、それを手遅れにならないうちに、私たちはわかった方がいいと思います。

心の預け場所としての本屋さんの存在

本屋とはどういう場所なのか、私自身、取材を通して考えてきました。そして、本屋の棚を通して自分と対話をするような心の預け場所だと、今は思います。

なぜネットだけでなく本屋があることが大事なのかと考えた時に、信仰のことを考えました。私たちの世の中から信仰が遠ざかってもうずいぶん時間が経つと思いますが、たぶん2世代上の人たちぐらいまでは何か悩み事があるとお寺に相談に行ったり、自分の信じる神様なり仏様なりに祈って心を軽くすることができていたと思います。私たちがそういうものを手放した現代には、カウンセリングという手段がありますけれども、カウンセリングともまた違う心の預け場所として本屋さんはあるのではないかと思います。

本屋さんは多くの場合、一人で行って、棚を眺めながら自分と対話する場所ではないでしょうか。その心の預け場所である本屋さんまでなくなったら、私たちはどうなるんだろうなと思います。

紙の本という実体のあるものは、手触りも含めて、コンピューターでは処理しきれないものを吸収してくれるような感じがします。だから実体のある本、紙の束に、人間を支えてくれる目に見えない力を、私たちは実感することができる、それらに出合う場所としての本屋に救われてきたことを改めて思います。（談）

（月刊『創』２０２４年6月号記事を改稿）

三月書房、隆祥館書店……
街の書店の生き方を求めて関西の書店を訪ねた

長岡義幸【インディペンデント記者】

閉店した京都市の三月書房と、大阪市で奮闘する隆祥館書店。ユニークさで知られてきた関西の2つの書店を訪ねて、街の書店をめぐる厳しい現状とそれにどう対応するかを探った。

関西の有名書店を訪ねた。片や人文書や詩歌など硬めの本の販売で定評があり、惜しまれつつも、余力を残して2020年6月に閉店した京都市の三月書房、片や目利き力を発揮してお客に積極的に書籍を薦め、「作家と読者の集い」というイベントを開き続ける大阪市の隆祥館書店だ。

対照的な道行きではあるけれども、両店には街の書店の生き方そのものがあった。

「侵さず、侵されず」という京都書店界の伝統

毎日を定休日とするお知らせが貼られた朝の三月書房　(西宮市) 佐竹由利子

朝日新聞2020年7月17日付朝刊の歌壇にこんな短歌が掲載されていた。同年6月に「週休7日」に移行した、京都市役所にほど近い寺町通二条にある三月書房を詠んだ歌だ。別の日の歌壇には、奈良の大和郡山市や大和高田市の人も投稿していた。閉店を惜しむ歌が詠まれるほど各地の歌人が通い、詩歌好きのお客に親しまれていたことがうかがえる。

三月書房は間口3間、売り場面積10坪ほどの小さな街の書店だった。通りに面したガラス窓越しに店内全部が見渡せ、ぎっしりと書籍の詰まった背の高い棚がぐるりと壁面を囲み、店の中央にも棚がそびえ立っていた。一般的な雑誌も置いてあったけれど、少なかった。

2020年に閉店した京都市・三月書房の宍戸立夫さん

棚に並んでいたのは哲学や思想などの人文書、文芸書、歴史物、ノンフィクション書、趣味性の高いマンガなど。とりわけ充実していたのは、評論家で詩人の吉本隆明の著書や関連書、シュタイナーの人智学関連や教育書などだ。もちろん歌集を筆頭にした詩歌も棚一面にぎっしりとあった。なかには、新聞社の押し紙や部落差別を扱うミニコミ誌、アナーキズム関連と、ほかの書店ではほとんど見かけないタイトルも置いていた。

　京都の書店は、他の地域の販売スタイルとは少々異なる。京都駅や繁華街では大型書店が営業する一方、街々には商圏を守りながら営業を続ける中小の書店がひしめき合い、それぞれの書店が得意ジャンルを持っていた。法律、建築、書道、謡曲、仏教、美術、茶華道、山岳というような専門書店もあった。学生の街ゆえ、教員や図書館などの需要も大きい。

　京都には「侵さず、侵されず」という気風がある。それぞれの書店とお客の強固な結びつきが培《つちか》われていた。同時に、お客は店々にある特化した商品を求めて書店を周回する楽しみもある。

　店主の宍戸立夫さんは、かつて「ジャンルは決めていない。何か行けそうやなという本があったら、周辺の本を徹底的に揃えるというやり方やね」と棚づくりの要諦《ようてい》を語ってくれたものだ。開業は1950年とそれほど昔でもない。「うちが本屋始める時は、近くに明治からの本屋があったから、そういう意味でもバッティングしないように硬めの本を置くことにしたみたいやね。それで仲よく棲《す》み分けて。うちかて、街1軒の本屋やったら、それこそ『少年ジャンプ』も50とか100とか売れるだろうし、また置かんとあかんけど、そういう必要ないですからね。少しずつよその店が置かないものを置いていって、排除していったんですよ」と説明してもらっていた。

　その結果、お客に「これいくらですか」と尋ねられることもよくあった。「売れ筋商品を適当に無視」したので、古書店と間違えられるような品揃えになっていったわけだ。

　「侵さず、侵されず」という京都書店界の伝統は、細々とながらも連綿と続き、三月書房もその一角を担っていた。

三月書房の閉店が話題に

　三月書房の特質は利用客に表われていた。よく筆頭にあげられるのは社会学者の上野千鶴子さんだ。ただ、宍戸さんは「3回はうちのことを書いてもらってます。閉店の話も書いていました。上野さんはうちの店の話でもうけたでしょうから、もういいでしょう」と茶化《ちゃか》した。吉本隆明さんや歌人の河野裕子さんなど、店のカラーをつくるきっかけになった人々とも店と客という関係を培った。書家の石川九楊《きゅうよう》さんは、有名になる以前は、毎日訪れていたという。

加えて、ほかの書店とちょっと違ったのは、ネット販売に力を入れていたことだ。早くから三月書房のサイトを立ち上げ、強みのある人文書や歌集などを紹介し、売り上げにつなげた。さらには、三月書房の扱い商品と親和性のある、小沢書店やペヨトル工房といった倒産・廃業した出版社の商品も神田村取次の八木書店経由で仕入れ、特価本として積極的に販売した。本読みにとっては最後の頼みの綱のような存在だった。

メルマガも出していた。メインは「e-mail版　三月書房　販売速報（仮題）」。もともとは紙版で出版社などに自店の販売状況や「これから売れそうな気がする本」などをピックアップして知らせ、近隣の書店の様子を綴《つづ》っていた「〈天に唾する〉京都の書店のうわさ」などの記事をメール版に移行したものだ。1998年以来、132号発行した。号外を加えればもっと多い。大半は出版社の営業担当者に届けた。加えて、お客向けには「〈吉本隆明〉本　新刊のお知らせ」も随時送っていた。現在も時々配信する。ただし、「お知らせのみ」。お客は、自力で入手するしかなくなった。

その三月書房が閉店すると最初にメディアで報じたのは、20年2月17日の朝日新聞のネット記事だった。〈京都の名物書店「三月書房」が、5月の連休明けにも店頭販売を終える。オンラインでの通信販売も年内をめどにやめ、70年の歴史に幕を閉じる予定だ〉と書かれた。

ところが宍戸さんは即座に記事の一部を否定した。閉店の日取りは決定していない、誤報にするためにも、5月の連休明けには閉店しないとメルマガで伝えた。〈なんだ、閉めると聞いてたのにまだやってるのかと、お客が飽きてきた頃合いをみて、ある朝、店を開けずに「週休七日」の掲示を貼るつもりです〉と書いた。

しかも、〈閉店にあたって絶対に避けたいのは、事前に閉店日を周知して、廃線になるローカル鉄道の最終列車のようなお別れイベントにされてしまうことです〉と、諧謔《かいぎゃく》をまじえた。外野の勝手な感傷を笑い飛ばすかのような、宍戸さんの顔が思い浮かんだ。

「毎日が定休日」になったのは6月10日だ。閉店前には、最後の店頭を見たいと思ったものの、コロナ禍で出歩くのも困難な時期だったので叶《かな》わなかった。

宍戸さんはさらなる諧謔精神を発揮する。降ろしたシャッターに棚をあしらった「だまし絵」を描いた。まるで店が開いているかのような演出だ（前ページの写真）。ただし、真ん中のガラス戸2枚は実物で、シャッターの前には配達用の本物の自転車を置いて借景にした。宍戸さんが発案し、これに青山学院大教授の福岡伸一さんが製作に協力した。福岡さんは京大生時代から出入りしていた三月書房のファンだった。

そして20年11月、取引取次の日本出版販売との精算を終え、年末に税務署に廃業届を提出してネット販売も終了した。

閉店をめぐる事情を宍戸さんに聞いた

実店舗の閉店から1年4カ月。三月書房に赴き、ようやく「だまし絵」を見ることができた。遠目には、まだ店を開けているのかと勘違いしそうなリアルさだ。

ブザーを鳴らすと、住居を兼ねた旧店舗のシャッターをガラガラと開けて宍戸さんが姿を現した。店内には古本が積まれていた。今度は古書店に挑戦するのかと期待したものの、亡くなった常連客の遺品を一時的に預かり、古書店の知人とともに整理しているということだった。

まずは閉店の理由を聞いた。

三月書房は家族経営だった。2代目店主だった父親の恭一さんは2017年に95歳で亡くなった。

「父が長生きしたので予定がくるいました。うちの店は家賃も人件費も要らない。商売のストレスはなかった。食えるだけの売上げはありましたから。でも、一人で店番をするようになって、拘束時間が長くなったのがイヤで。店を離れられないんですから。旅行にも行けなくなったんです。本当はもう少し早く、70歳ちょうどぐらいにうまいこと店を閉めたかった。あと10年ぐらいは遊んで暮らしたいじゃないですか」

後継者もいなかった。3人の息子は公務員や会社員として働き、書店を継ぐ気はなかったという。街の本屋の閉店理由の過半は「後継者難」だ。

だが、宍戸さんは「もしも息子が店を継ぐと言い出したら、逆に私も死ぬまで働かなければならんかもしらんかった」と、冗談めかして言う。

一人で店頭に立つようになってからは、徐々に営業時間を短くした。もともとは定休日が週に1日で平日の営業時間は午前11時から午後7時までの8時間だったのを7時間に減らし、閉店直前には、週休2日の6時間営業に短縮した。

「お昼に開いて夕方6時に閉めると、飲みに行けるようになりました。でも、朝6時に日販の配達があるんですが、毎日起きて受け取らなければならない。これはイヤやったなあ」

閉店に伴う収支はどうだったのだろうか。返品もできないままショタレ（不良在庫）を抱え、閉店してなおも負債に苦しむ書店は少なくない。

「去年（20年）の2月に新聞が閉店すると書いてくれたら、お客さんがようけ来てくれて、その月に在庫が3割減りました。返品は、（買い切りの）みすず書房や白水社、地方・小出版流通センターは全部引き取ってくれました。新潮社やKADOKAWAも、何も言わずに受け取ってくれましたね。八木書店や、岩波文庫はダメでした。岩波文庫は店で最初500円ぐらい、5〜8割引で売りました」

返品は段ボールで数百箱になった。取次や出版社が受け取りを拒否して逆送になったのは数箱分ほどしかなかった。

「ものすごく少なかった。もともと（返品期限に）注意していましたから」

20年末に日販との返品入帳（精算）を終え、日販から戻ってきたのは1000万円弱。ここから消費税などを差し引くと700〜800万円が手もとに残った。

取次との取引開始時に取次に預ける信認金（保証金）数十万円も戻ってきた。

「なんでかな、売上げじゃないのに消費税10％、ようけ取られました。数十万円分ぐらいがショタレ。でも借金は1円もありません」

返品率は常に2割以下、もっとも良かった今世紀初頭の粗利《あら》は1000万円を超えていたという。個人経営の街の本屋としてはかなりの実績だ。店舗も自己物件で、配達用の自家用車があるわけでもない。国の税収にも貢献していた。

「閉店と聞いて、本屋やらしてくれ、後を継ぎますという人もいっぱい来た。法人ならいざしらず、個人商店は他人に譲りようがない。知らんやつに任したら、店も家もなくなって1円も残らんなんてことになりかねない。名前だけ残してもどうにもならんし」

三月書房はたぶん誰にも真似のできない書店だ。

喪失感を伴いつつ、（こう書くと宍戸さんは嫌がるだろうが）人々の記憶に残る伝説の書店になった。

大阪市・隆祥館書店のイベントと接客

大阪市の隆祥館書店は大阪メトロ谷町線谷町六丁目駅を出てすぐ、10階建てのビルの1階で営業する街の本屋だ。入り口の外側には雑誌棚が並び、絵本塔も立つ、一見ごくふつうの店構えである。

少し異なるのは、イーゼルのような台にイベントの案内板が立てかけてあったことだ。訪問時には、「『きみが死んだあとで』をどう読むか？　代島治彦氏×水戸喜世子氏によるリアル＆リモートイベント」のポスターが掲げられていた。1967年、佐藤栄作首相（当時）の南ベトナム訪問阻止を訴えて学生が闘った「10・8羽田闘争」で機動隊に殺された京大生・山﨑博昭さんの記録映画を監督し、単行本として『きみが死んだあとで』を上梓した代島さんと、10・8を契機に政治党派、政治信条を問わず権力に弾圧された者はすべて救援するという救援連絡センターを立ち上げた水戸さんを講師にしたイベントだ。店主の二村《ふたむら》知子さんを司会に据えて、代島監督に今この映画をつくった動機を、水戸さんに当時の学生のことを聞くという。

なかを覗くと、二村さんはレジ前でお客と話し込んでいた。その二村さんは、店を利用する人がどのような本を好んでいるのか、記憶しているという。お客とはじっくり話し込み、これはという本を薦《すす》めるのが二村流だ。

訪れて即、隆祥館の強みを間近に見ることができた。イベントと接客だ。

イベントは、「作家と読者の集い」と題して2011年11月からはじめた。10年間コツコツと集いを重ね、24年5月までに実に1238回のイベントを開いた。一時、コロナ禍によってリアルには人を集めるのが困難になったものの、リモートを併用することで北海道から九州まで遠方からの参加者がいるという。参加費を取るとともに、講師の著書も販売するので営業面の貢献度も大きい。

イベントに登場するのは、二村さんが付箋《ふせん》を貼りながらじっくり読み込んで厳選したタイトルの作家らだ。ノンフィク

大阪市・隆祥館書店の二村知子さん

ションを中心にこまめに目配りし、隆祥館発のベストセラーも発掘してきた。

隆祥館の場合、お客に話しかけ、会話をしながら、その人に合った本を勧めるのが持ち味となる。常連客も二村さんに相談し、次の読書につなげているようだ。その積み重ねによって、13坪の売り場ながら、超大手書店を凌駕する販売冊数に達した本が何点もあるという。

それらの本は、売り場を入ってすぐの『作家と読者の集い』１００回記念フェア」というコーナーに、「１２３８冊突破!!」「７３５冊突破!!」といったＰＯＰとともに並ぶ。さらに、集いに参加した作家らが薦める本も置いている。

ヘイト本は販売しないというポリシー

もうひとつ隆祥館を隆祥館たらしめるのは、ヘイト（憎悪）をまき散らすような書籍・雑誌を置かないことだ。創業者で二村さんの父親である善明さんが存命中からモットーにしていた。

善明さんは書店ニュースという文書にこう書いていた。〈従来から書店は地域の文化の発信地の役割を果たすべきだと言われてきました。子供たちに読書を広め、その読書力に貢献し、遠くまでゆくことのできないお年寄りの読書の力添え、作家と読者への橋渡し、そしてその心の出版をただ売れればいいという商業主義の餌食《えじき》にすることなく、出版を文化として作家を支え、読者が出版を育てるこの仲介者が書店と考えております〉。

二村さんは、父の遺志を継いでどの本を薦めれば、お客さんに喜んでもらえるかを考えながら、積極的に営業する。

一方で、どんなに売れていてもいわゆるフェイクニュースをもとにした差別煽動本の類は慎重に扱う。客注があれば、取り寄せるが、まずは自らが販売するモノに責任を持って、本と読者の幸福な出合いを考える。15年2月に79歳で亡くなった善明さんは、どんなに経営が厳しく費用対効果が悪くても、地域の勤め人のために24時まで店を開け、外出できない子どものために絵本を1冊から届けていたという。働く背中が自然と書店のあるべき姿を教えてくれていた。

二村さんは元シンクロナイズドスイミングの日本代表選手で国際大会にも出場している。恩師はあの井村雅代元コーチである。アスリートゆえにフェアな競争は望むところではあるが、本の流通のしくみは極めて不平等と考えた。かつては、本を取次に返品した際、大型書店は翌日にすべて電子決済で返品入帳（過払いの精算）をされるのに、一般の書店は20日以降の返品分は翌月精算とされ、資金繰りが厳しくなっていた。これを解決したのも善明さんであった。09年に「大手書店と扱いが違うのは不当だ」として公正取引委員会に直訴し、交渉の末、6年後に期間短縮など是正されたからだ。組合書店も感謝した大きな変化であった。

「1万円選書」などの取り組み

二村さんが新たに始めたことが、ふたつある。

ひとつは「1万円選書」だ。北海道砂川市のいわた書店の岩田徹さんは、お客の趣味・嗜好に応じてお薦めの本を提案する1万円選書をはじめ、次々と選書の申し込みが来る全国区の書店として知られるようになった。二村さんは5年前、大阪府書店商業組合の会合にその岩田さんを講師に迎え、1万円選書の取り組みについて話してもらっていた。

コロナ禍で、来店したくてもできないと、何人もからメールで本を送ってほしいとの相談を受け、隆祥館オリジナルの1万円選書を始めた。2020年、店頭やネットで呼びかけてみると、一気に500人の申し込みがあった。

二村さんは、どんな本が好みか申し込んだ人のことを詳しく知るためのカルテ(アンケート)を取りつつ、じっくりと本を選ぶ。なので、1日に1人しか対応できない。そのカルテには、それぞれの人の悩みや思いが綴られているという。

「コロナ禍の前まではウェブでの購入が主流になり、本屋はもうダメなのかなと思うこともありました。でも選書に申し込んでくださった方々は二村知子を信頼して、カルテを書いて下さっている。これだけ本を求めている方がいらっしゃることが嬉しくて、1カ月ぐらいは、カルテを読みながら込み上げてくるものがあり、本屋としての幸せを感じました」

二村さんは30歳のころ、パニック障害を発症し、死ぬことしか考えられなくなったことがある。そんなとき、事故による絶望から這い上がってきた星野富弘さんの『愛、深き淵より。』という本に出合い、自分の甘えに気がつき、生きる力をもらったそうだ。選書の申込者にはかつての自分のように悩みを抱えている人々がいた。そんな人たちも元気になれるよう、真剣に本を選んでいるという。

以前、岩田さんを取材した時、「ぜひほかの書店でも真似してほしいのでいろいろなところに話をしに行っている。でもなかなか始める書店がない」と言っていた。二村さんはまさに、岩田さんの思いを真っ正面から受けとめたようだ。しかも、岩田さんの場合は文芸書が主であったが、二村さんはノンフィクションを中心に選書する。それぞれが得意なジャンルであるが、期せずして棲み分けたかっこうだ。

2021年6月には、第2期の1万円選書の募集をしたら360人の申し込みがあったという。

「ママと赤ちゃんのための集い場」

1万円選書を始める前から「親子の心の処方箋に、絵本を!」と題して5000円分の絵本の選書サービスもしていた。1万円選書同様、父母らにカルテを書いてもらい、二村さんの娘で、臨床心理士・公認心理士・スクールカウンセラーなどの資格を持つ宝上真弓さんが選書する。専門の資格を有し、小児科の医師とも連携しているため、書籍代のほか、選書料として3000円を負担してもらっている。

もうひとつの取り組みは、毎月第3水曜日に開く「ママと赤ちゃんのための集い場」だ。宝上さんらをスタッフに、赤ちゃんに読み聞かせをしたり、季節感を感じるグッズを制作したり、子育ての際の月齢ごとに出てくる悩みを先輩ママたちとシェアしたりすることで、不安を軽減させるという。「インターネットで、何でも検索できる時代だが、何が本当の答えなのか？　子育ての中で不安を感じている方のために、信頼できる著者による育児書も紹介している」とする。

以前、保育園の建設に反対するニュースで、赤ちゃんの泣き声を騒音だと言う人がいることに驚いた。「あまりにも冷たい社会になってきていることが心配になり、赤ちゃんを連れたお客さまに聞いたら、やはり肩身の狭い思いをしていた。ママやパパが赤ちゃんと集える場所として『集い場』をつくりました」という。始めて8年目だ。二村さんはさらに「いまコロナ禍で虐待や自殺が増えています。親が少しでも楽になるお手伝いができればと思っています」と語る。

二村さんはあくまでも顧客目線だ。

「本屋をやるにあたっていちばん気をつけていることは、本は薬にも毒にもなるということです。私の父は『出版をただ売れればいいという商業主義の餌食にすることなく、出版を文化として作家を支え、読者が出版を育てるこの仲介者が書店だ』と常々申しておりました。その言葉が心にすごく残っています」。善明さんの遺志を継いでどの本を薦めれば、お客さんに喜んでもらえるかを考え、積極的な営業を進める。「父の働く背中が自然と書店のあるべき姿を教えてくれていた」からだ。

二村さんはこうも言う。

「ベストセラーを追いかけません。売れるから売るのではなく、書いてある中身が大切なのです。むしろ伝えなければならないことを書かれた本、生きている価値が見いだせる本、それぞれの読者が必要とされている本など、おこがましいかもしれませんが、たった13坪の小さな本屋に足を運んでくださるお客さまのために、誠意を尽くしたいのです。私は、本で救われました。もし本が何かの役に立てばこれほど嬉しいことはありません。売れ行きが厳しいとき、正直不安になることもあります。それでもこんな小さな本屋を支えて下さるお客さまがいる限り、自分を信じて続けていきたい」

「商業主義に堕落せず、文化の担い手になる」——。善明さん譲りの志を貫きつつ、売上げは堅調だ。新型コロナの流行で配達先の店々が影響を被り、外商が落ち込んだものの、店頭の売れ行きに選書も加わり、差し引きすればプラスになるという。二村さんは、本屋は水道やガス、電気と同じようになくてはならない街のインフラだと考える。だからこそ、ただの理想論ではなく、〝父の理念〟に沿った経営で結果を出し続けるのだろう。

（『創』2021年12月号の記事を最新のデータにするなど一部改稿）

東日本大震災を経て、今…

書店の灯を絶やさない仙台市の街の書店の取り組み

長岡義幸【インディペンデント記者】

これまで首都圏や関西の書店をルポしてきた筆者が、今回は仙台市の書店を取材した。特にこの地区は震災の影響を抜きには語れない。書店の灯を絶やさない取り組みは全国の書店で続いている。

それぞれに物語と背景を持っている幾つかの書店

これまで首都圏の書店のほか、大阪や京都、奈良など西日本の書店を取り上げてきた。今回は、北に目を向け、東北の中心都市の仙台市で営業する街の書店を取材することにした。

仙台の出版社、荒蝦夷《あらえみし》代表の土方正志さんが出版にかかわる日常を描いた２０２３年６月刊行の『仙台あらえみし日和』（プレスアート）で、地元紙の河北新報が１９９２年、〈仙台は文学不毛の地なのだろうか。「学都」「杜《もり》の都」「政令指定都市」。時代を経るにつれ、さまざまな〝冠〟が加わったが、「文学の都」とはついぞ聞いたことがない〉などと書いた一節を紹介していた。だが、いまや仙台は「文都」としての存在感を高め、土方さんは〈30年も経てば世は変わる〉とつづっていた。同書の表紙には、丸善仙台アエル店の従業員で、２０２２年下半期の第１６８回芥川賞を受賞した佐藤厚志さんの推薦帯も巻かれていた。仙台出版界はいまや「本の都」として勇名を馳せるようになっていたようだ。

では、仙台の街の書店の状況はどうなのだろうか。地元書店、金港堂（本店は24年4月末閉店）の創業１００年のイベントに取り組んだり、自ら新刊も扱う古書店を開いたりしている土方さんに、気になる小規模書店を挙げてもらった。

そのひとつが「塩川書店五橋店」（仙台

塩川書店 五橋店

市青葉区五橋）だ。仙台の書店を語るには、東日本大震災の話題は避けて通れない。塩川書店は、２０１１年3月11日の震災によって散乱した店内を片付けつつ、震災から3日後の14日、いち早く営業を再開した。だが、物流は大混乱し、取次（本の問屋）からの書籍や雑誌の入荷が途絶えてしまった。そんななか、たまたま1冊だけ手に入れた『週刊少年ジャンプ』の最新号を店頭に置いて、自由に子どもたちに読んでもらえるようにした。そんなエピソードから、地元はもとより全国的にも知名度抜群と言っていい書店だ。ぜひ取材したいと思った。

土方さん自身が出版業の傍《かたわ》ら開業したのが「古本あらえみし」（宮城野区榴岡）だ。２０１９年4月にオープンし、これまで土方さんが個人的にコレクションしてきた書籍を含めて、ミステリーや探偵小説、怪異・怪奇もの、東北6県にゆかりのある作家の作品、震災関連書などをメインにしつつ、全国に散らばる小出版社の新刊書も並べている。

さらに、２０２３年3月からは、1年の期間限定で仙台市内のファッションビル・仙台フォーラス内に「ＢＯＯＫ ＳＰＡＣＥあらえみし」（青葉区一番町）という店を開いた。古書のほか、つきあいのある出版社と直取引した新刊書を販売し、地元や近県の古書店の売り場を設け、ブックカフェを併設したという。この両店に赴くことにした。

１９９４年に取材したことのある「絵本と木のおもちゃ横田や」（青葉区北山）も訪ねることにした。店主の横田重俊さんが読み込んで選書した絵本と子どものために選び抜いた木のおもちゃを売っている店だ。その店構えは、一見の価値がある。当時、築年数が１５０年は経っていると説明を受けた。祖父母の代までは味噌屋だったという年季の入った商家造りの建物には、誰もが強い印象を抱くに違いない。それから30年近く経ったが、建物はいまも変わりないのだろうか。

それぞれに物語と背景を持っている塩川書店五橋店、古本あらえみし、ＢＯＯＫ ＳＰＡＣＥあらえみし、絵本と木のおもちゃ横田やをめぐってきた。

震災のエピソードで知られる塩川書店五橋店

塩川書店五橋店は、東北大学や東北学院大学の近くにあった。店の外に雑誌のラックを置き、『週刊少年ジャンプ』も並んでいる。なかに入ると店内はこぢんまりとしていて、雑誌や文庫、コミックを中心にする街の本屋の典型という雰囲気だった。店主の塩川祐一さんには、

『週刊少年ジャンプ』のエピソードを詳しく聞いた。

朝日新聞は2011年3月26日付でこんな記事を載せた。〈1冊の「週刊少年ジャンプ」が、雑誌の最新号が届かない仙台市にある書店で、100人以上の子どもたちに「立ち読み」されている。客から譲り受けた貴重な1冊。人気マンガの続きを読み、「安心した」と笑みを浮かべる子どもたちがいた〉

震災に見舞われた街の様子を取材していた朝日新聞の記者が偶然「少年ジャンプ3／19発売16号　読めます!!　一冊だけあります」という塩川書店に掲げられたPOPに気がつき、塩川さんに取材をしたのが記事のきっかけだった。

店は3月14日に再開した。近所のお母さんに「子どもが津波のニュースと地震で不安になっている。絵本やマンガを読みたがっているからお店を開けてください」と頼まれたからだ。周囲が暗いなか、書店の灯りに誘われるようにお客がやってきたというのは、他の被災地の書店でもよく聞いたが、塩川書店では物流が止まってしまったためマンガの続きが読めなくなってしまったと泣き出す子もいた。とりわけ『ジャンプ』掲載の「ワンピース」を読みたい子が多かった。

そんな時、山形県まで食料を買いに行った常連客が『ジャンプ』を手に入れ、読み終えたからと3月22日、塩川書店に譲ってくれた。塩川さんは「それなら子どもたちに読んでもらおうという単純な思いから」、かつて修業した明屋《はるや》書店で学んだPOP技術を使ってポスターを貼りだし、『ジャンプ』があるとお客に伝えた。それを聞き知った市内の小学生らが続々と『ジャンプ』を読みにやってきたという。

朝日新聞の記事は、ヤフーニュースにも転載され、全国に知れ渡ることになった。その後、テレビでも紹介された。全国からマンガ誌も届けられた。

後に、ボロボロになった〝伝説の『ジャンプ』〟はジャンプ編集部のもとに届け、いまも大切に保管されているという。

塩川さんには、子どもたちに希望を与えたとして第16回手塚治虫文化賞の特別賞が贈られることになる。店内には表彰式のときの写真が飾られていた。

中学生用の道徳教科書『新訂 新しい道徳3』（東京書籍）にも「一冊の漫画雑誌」として取り上げられた。教科書会社の指導計画案には〈被災地において自分がすべきことを考え行動しようとしている人たちの気持ちを考えることを通して、思いやりの心をもち、互いに助け合い、心のきずなを大切にしながらともに生きていこうとする心情を育てる〉とある。

塩川書店の創業は1962年。塩川さんが生まれた年に、父親が市内の穀町に10坪に満たないこぢんまりとした店舗を構えた。当時は外商中心だった。その後、河原町に移転。父親が亡くなるまで50年近く営業していたという。

塩川さんも高校卒業後、書店業に携わろうと、明屋書店が書店の二世養成のために開いた「日本書店大学」の2期生として〝入学〟。昼間は明屋書店の店頭で実地に働き、夜は講義を受けた。

修業後、塩川書店の支店を開いた。店舗を移しながら五橋店を開いたのは20年ほど前になる。塩川書店は、しばらくは2店態勢だった。近所の中学校や小学校の図書館へ納入したり学校の先生から注文を取ったりと関わりを深め、また、その学校の子どもたちもやってきた。『週刊少年ジャンプ』や『コロコロコミック』がよく売れる書店だったという。

しかし、いまや街の本屋の苦境は、仙台でも同じだ。塩川さんによると、周囲にあった街の本屋は軒並み閉店してしまった。仙台市内全体では、個人経営の書店は20店に満たないそうだ。

「30代の息子がいるけど、継ぎたいとも言わず、サラリーマンになった。社会人になる時、本屋をやりたいって言ったとしても、絶対反対したと思います。だいたいのお店はそうじゃないですか」

さらに衝撃的な話を聞いた。月の半分は、書店の営業を終えた後、足りない収入を補うために、近所の救急医療機関で夜から朝まで働いているそうだ。もう10年になるという。

「本屋を閉めて、店を貸しちゃったほうが楽になります。場所がいいんで、貸してくださいというのはいっぱいあるんですよ。でも、本屋をやるというのは、私にとっての人生の目標なんです」

アルバイトを雇うこともなく、店も朝9時から夜10時まで、つれあいとふたりで休みなしに働く。なぜそこまでして書店を維持しようとしているのだろうか。

「『ジャンプ』のことがなければ、ほかの書店と同じように、やめていたかもしれません。でも、震災の時にはいろいろな方に支えられた。手塚賞をいただき、道徳の本にも載せてもらった。いつかはやめてしまうんでしょうけど、道徳の本が出ていて子どもたちに読まれている限りは、意地でもやめられません」

古本あらえみしと BOOK SPACEあらえみし

荒蝦夷は、東北を中心にした地域史ものの出版物に強みのある小出版社だ。その荒蝦夷が19年4月開店したのが「**古本あらえみし**」だ。仙台駅の東口から徒歩10分もかからない、住宅の連なる一等地で営業する。2階が出版社の事務所だ。

店には、玄関で靴を脱ぎ、スリッパに履《は》き替えて入室する。2部屋分ぐらいのスペースにぎっしりと書棚が並ぶ。小説の棚には宮城県や福島県、岩手県など東北6県のプレートが掲げられ、その県に関わりのある作家の本が集められている。ほかには震災関連書や郷土史、民俗学、幻想文学や怪奇ミステリー、妖怪ものなど、その世界に興味のある人なら垂涎《すいぜん》の的であろう図書が目白押しだ。小出版社の新刊を集めた〈荒蝦夷の仲間たち〉というコーナーもある。

古書店を開くことにしたのは震災がきっかけだった。地震によって集めていた資料がばらばらになり、預かっていた知り合いの本も入り乱れてぐちゃぐちゃになってしまった。代表の土方正志さんは「もうだめだ。古本屋に売ろう」と考えた。その上、北海道の実家に暮らしていた父親が亡くなり、そこに保管していた本を整理する必要に迫られた。それなら、震災後に引っ越した一軒家の事務所内で古書店を開いて販売しようと考えたわけだ。土方さんは「執着する気持ちもなくなった」とも言っていた。

その後、新たに開店したのが、「BOOK SPACE あらえみし」だ（もともと期間限定のため24年2月末に閉店）。

おしゃれなファッションビルに、その店舗はあった。入り口近くには出版社1社の本をまとめた平台と棚があり、訪問時には「新潮クレスト・ブックス創刊25周年記念 新潮社・海外文学フェア」が開かれていた。開催期間は1カ月だ。

土方さんは「このコーナーでは300アイテム、500～600冊は置ける。これだけ広いスペースになると、埋まらないところが出てくるんですが、基本的には1社で全部を埋めることにしています」と説明する。

これまでに「国書刊行会創業50周年フェア」「角川ホラー文庫創刊30周年&『怪と幽』13号刊行記念『お化け本フェア』」などを展開した。商品は、直取引で仕入れているという。編集・制作などでつきあいのある出版社に声をかけているそうだ。

新潮社のフェア棚の隣では、前月に実施していた偕成社のフェアの書籍の一部を残して展示を続けていた。その奥には、荒蝦夷のほか地元の東北大学出版会や河北新報出版センター、プレスアートなどの新刊を並べる地元出版社コーナーがあり、また、北海道の出版社「寿郎社100点フェア」が開かれていた。

さらに、荒蝦夷の運営する古本あらえみしや阿武隈書房（青葉区）、ジェイルハウスブック（若林区）、香澄堂書店（山形市）などの古書店の常設の販売コーナーがある。直近にはミステリーに強い東京・西荻窪にある古書店、盛林堂書房のフェアも開催した。「仙台じゅうのミステリーマニアがいっせいにやってきた」とのことだ。最奥では、カフェ「Re LOOP（リループ）」も営業する。作家のトークショーなどのイベントも毎月企画しているという。

新刊も古書も何でもある、まるでおもちゃ箱のような書店だ。いや、ブックショップではなく、まさにブックスペースだった。

「ビル全体の改装に入るので、翌年2月いっぱいまで、ここで書店をやらないかと声がかかりました。1年限定の書店です」

居抜きという条件。内装はいじらず、新刊コーナーのフェアの売れ行きは版元次第という。「例えば国書刊行会さんは50周年記念で話題になり、すごく売れました。書籍の価格もかなりのものでしたから。文庫のフェアでも点数が跳《は》ね上がったり。でも1点ごとで見ると単価は安い。だから売り上げはバラバラなんです。儲かったらありがたいんだけど、1年間限定だから今まで仙台でできなかったようなことを楽しくやろうと考えています。赤字は困りますが」

このような書店が成り立つのは、仙台という地域性もある。「街の規模感から情報が伝えやすい。東京のようにでかい沼にポチョンと石を投げるのとは違う。ある程度のマスで顔が見えているという、そんな感じなんです」という。

新刊のフェアを1カ月1社で展開しつつも「同じものを並べ続けていたら、飽きられるのがわかっていた。それを補完するのが古本。ここでは、同じ出版社でも新刊があり、古本がある。お客さんに

「BOOK SPACE あらえみし」店内

とっては、その本に初めて出合ったときが新刊だと思うんです。そういう意味で、一般の新刊書店と同じじゃないかなと思っています」とも語る。

　さらに土方さんは、「イベント型書店」とも定義した。

「フェア主義というか、棚をつくることに意識がいっている古本屋ってことかなって気はしています。出版社として新刊を出し、新刊書店さんとつきあいがあるからこういう棚になってしまうというか。ただ、一般の書店さんだったら、売れ筋とか利益率を考えたら、1社だけでこんな大きなフェアはやらないですよね。なぜできるかというと、荒蝦夷にとってこの売り上げは一部なんですよ」

　というのは、出版の売り上げがあり、大学の定期刊行物の仕事があり、古本があるからだ。「儲からないけど、出版の本業の方を食いつぶすようになったら大変だから、赤字だけは絶対に出さないようにしています」という。

「だからふつうの本屋さんの参考には何もなりません。気楽なもんだなって怒られてしまいますよ」

　しかし、閉塞感のある出版業界や書店業界にあって、荒蝦夷の取り組みは新刊書店にとっても何らかのヒントになるかもしれない。

児童書専門店
「絵本と木のおもちゃ横田や」

「絵本と木のおもちゃ横田や」は、仙台駅から道のりにして3キロほどのところにある。周囲は古くからの寺町だ。開業は1978年。江戸時代末期に建てられたとみられる商家造りの外観と違って、まだ新しい店と言ってもよさそうだ。

　店主の横田重俊さんは仙台生まれの東京育ち。大学院まで行ったものの「就職先はないし、食べられなかったので」仙台に戻ってきた。店舗は文房具店に貸していたものの閉店したことから、そのまま店を引き継ぎ、それに、大学時代に触れた絵本の影響から、児童書もいっしょに置こうと考えたのがはじまりだ。

　ただ、文房具の仕入れは容易だったものの、児童書はそうはいかない。流通に乗せるほどの量にはなりそうになく、取次との正式な取引口座を開設できなかった。そこで、取次の店売（書店向けに展示販売している売り場）に通い、現金仕入れで乗り切ることにした。その後、一定の売上げが立つようになり、取次との正式な取引口座を開くことができた。

　一時は、病院内に支店を出した。児童書以外、一般の週刊誌や月刊誌などの雑誌を扱うことで、取引高を増やした。1

989年には、仙台駅近くの繁華街、一番町のファッションビル内にも出店した。横田やとほぼ同様の商品構成だが、本店とは打って変わり、鉄筋コンクリートの建物のなかの近代的な〝ショップ〟だった。現在は、支店は閉店し、本店のみの営業となっている。

横田やの店内には、神棚や床の間がある。違う時間を指したままの古ぼけた柱時計も掛かる。一瞬、いなかの民家に足を踏み入れたような、変な気分になってしまう。そんな書店はそうそうない。

児童書売場の中央には木製のテーブルとイスも置いてある。ここに座って選書するのもいい。ブックカフェ全盛の今、座り読みは一般化したけれど、そのさきがけでもあった。

以前取材した時には「心配ごとと言えば、この建物がいつまでもつかという問題があります。経営的につぶれるか、物理的につぶれるか、どっちが先になるか(笑)。雨漏りも始まっているので、屋根の修理をしなければならなくなっているんですよ」と言っていた。

30年ぶりの再訪では、建物はしっかりと残っていた。まだまだ現役を続けられそうだ。では、品揃えはどう変化したのだろうか。

「そんなに変わりはありません。おもちゃの方は、ボードゲーム関連が増え、逆に木のおもちゃが高くなりすぎて輸入元がやめちゃったりとか細かいチェンジはありましたが、大きなくくりではほとんど変わりなくやっています」

30年前と比べると児童書専門店も相当減ってしまった。

「古書と絵本とか、そういう組み合わせでやっている店が増えてますよね。そうやって生き残っているという感じでしょうか。うちでもそんなに多くはありませんが、棚に置いた新刊の間に絶版になった古書も置いています。そういうのを探してもらうのも楽しいですよね」

他方、取次のトーハン仙台支店が数年前に店売を閉じた。実物を見られなくなり、新刊情報だけが頼りとなった。

「でも、現物を送ってもらうと返品が増えちゃうから、もともとそんなに新刊は追わなかった。福音館書店や偕成社の新刊は当たり外れはないので、だいたい取っています。すごく小さい出版社、個人出版みたいなのが増えてきて、なかにはいいものがあります。とはいえ、手間はかけられなくなりました。店員を雇うのをやめたり、休日も2日に増やしたり。年齢に合わせて楽なかたちをとってますね」

やはり近所の新刊書店はどんどん減っている。

「うちがここで本を売ろうとした時、書店組合に入らなければいけなかった。トーハンの店売で、現金仕入れで始めるのにも、組合に入ってないと流通はダメな時代だったんですよね。この近所の十数軒にあいさつに行ったんです。雑誌の配達をする気はないし、雑誌や週刊誌もマンガも置かないし、という話をしてOKを出してもらい、組合に入れてあげるよみたいな話になって。でもぼくが回った、半径2キロぐらいにあった書店が、今はひとつもない……」

ではなぜ横田やは残ることができたの

絵本と木のおもちゃ横田や

だろうか。

「もともとうちと街の本屋とは、役割が違っていたのかな。新刊書店が十数軒ある時にも、児童書なら横田やだという感じで。一般書店にはほとんどなかったものがあったから残れたのかもしれません」

30年前と比べるとお客にも変化が

お客にも変化があるという。開業したばかりのころに子どもの父母として訪れたお客が一回りして、孫のためにやってくるようになった。あるいは子どもとして訪れた人たちが、今度は自分の子どもを連れてくるサイクルができた。

「昔はスタンプカードの期限は1年と言ってたんだけど、いまは期限なしにしているので、20年か30年前のをお持ちになる方もいる。タンスの隅にあったんでしょうね。そんなに長くスタンプを残していた方がいると思うと嬉しいですよ」

震災の時の話も聞いた。横田や自体は、書棚から少し本が落ちたものの、被害はそれほどひどくはなかったという。他方、被災地に本を送ろうという取り組みが始まり、横田さんは「やたらめったら送られても被災地では困るだろうから、間に入って受け渡しをする支援グループを（２０１１年）４月につくったんです」と語る。「被災地の保育園や幼稚園など本が必要なところへ行くという活動を何年ぐらいしたでしょうか。被災地の小学校に絵本作家の人たちと行って、図書館の壁に絵を描いてもらうとか。日本で一番楽しい図書室にしようぜって。絵本屋さんが絵本を配っちゃいけない。売れなくなるから。でもだいぶ配ったね。それが地域によっては、絵本に出合う機会になったかな」

横田さんは70代。後継者はいるのだろうか。「子どもはいるけどやらないだろうな。食えないだろうし。このまま夫婦で続けていこうって感じかな」

横田さんは妻の敬子さんとともに、世間では、ロウソクの灯のようにか細くなった書店の灯を、いまはとにかく絶やさないようにしたいと考えていた。

——仙台の書店を早足でめぐった。困難ななか、創意工夫をしていたり、兼業で乗り切ろうとしたり、専門化や特化によって顧客を確保したり、それぞれに奮闘している姿が見えてきた。

（『創』２０２３年12月号の記事を一部改稿）

コミックのデジタル化急進展のなかで……

コミック専門店も閉店が相次いでいる

長岡義幸【インディペンデント記者】

一時はファンで賑わったコミック専門店も、コミックのデジタル化が急進展するなかで閉店に追い込まれている。幾つかのコミック専門店の閉店事情を探ってみた。

かつては賑わったコミック専門店も閉店

街の書店が次々と閉店している。独立系のコミック専門店の状況もさほど変わらない。

東京・神田神保町で長らく営業していたコミック高岡（高岡書店）は2019年3月、閉店した。かつては狭い通路を行き交うのも困難なほど、店内はお客でぎゅうぎゅう詰めで、人気のタイトルは1000部単位で販売していた伝説の書店だ。だが、売上げ減少と経営者の高齢化という困難が重なったという。マンガファンにとってよりどころとなる老舗《しにせ》であったにもかかわらず、そんな書店でも成り立たなくなったわけだ。

多摩地区で営業していたコミック専門店も2015年に閉店した。一時期は3店舗を展開し、後に1店舗に集約。しかし、この店舗も閉じ、ネット専業の紙の本の通信販売と電子書籍の販売に移行した。店頭とネットの売上比率は、2000年代の後半に逆転し、13年の時点で4対6程度になっていたと以前、聞いていた。

関東圏のある書店は、地場の書店として徐々に拡大を遂げ、JR駅の目前という絶好の立地で数階建ての店舗を持つに至った。さらに、本店の近くにコミック専門店も置くという繁盛《はんじょう》ぶりだった。

だが、フロアが分かれ、売り場がたくさんあると、それぞれにレジを配置し、人員を割《さ》かなければならない。この書店では、ローコストオペレーションを推進するために、近所にできたショッピングセンターのテナント店として全売り場を移転した。売行きに陰《かげ》りの見えていたコミック専門店も吸収されたかっこうだ。結果、以前よりも売り場面積が減ったものの、1フロアだけになって経費削減につながったという。

しかも、本店の入っていたビルは自己物件だったので、自社の事務部門などを残しつつ、それぞれの階を賃貸に出し、飲食店や事務所が入居した。不動産業に進出したかっこうだ。書店専業時代よりも安定的な経営が可能になったようである。

一方、移転後のコミック売り場は、店舗の特性に合わせてファミリー向けの品揃えに変更したため、ディープなタイトルや成人向けのコミックスはほとんどなくなってしまった。売り場としては存続するも、以前担っていた役割の一部は引き継がれることはなかった。

コミック高岡。今は看板もなくなった

2019年夏、首都圏で営業していた小さなコミック専門店も閉店した。総合書店の支店として展開していたものの、売上減少にはあらがえなかった。元店長によると、巷間デッドラインと言われていた売上高を割り込み、それでも経営者の努力で数年間持ちこたえたものの、やむなく本店のコミック売り場に集約されることになったという。ただ、本店のコミック売り場は学習参考書や児童書の売り場とフロアが同じなため、専門店ふうの展開は難しくなった。

アニメイトやとらのあな、メロンブックスなどの大手チェーンのコミック専門店は隆盛を誇るも、小規模のコミック専門店は地域の総合書店同様、厳しさを増している。ただ、一般的な街の本屋の事情とは少々異なる面もあるようだ。コミック専門店の元店長に、コミック販売の状況について話を聞いてみた。

閉店1週間前、名残を惜しむ常連客が

閉店の1週間前に、店の様子を見に行くと、名残を惜しむように常連客がやってきていた。一般向けのコミックのほか、成人向けやBL（ボーイズラブ）の品揃えも充実していたので、客層も幼年から壮年まで、また男女ともにいた。

閉店してから数日後、商品の搬出作業をしていた元店長に会いに行った。半分ぐらいの商品は本店のコミック売り場に移動済みで、残りの商品も既に箱詰めが終わり、翌日には取次に返品する手はずになっているという。書棚はすべて空っぽ。木製の丈夫なつくりの棚なので、どこかで再利用してもらえればと思っていたものの、引き取り手が見つからず、処分するしかなさそうだという。

元店長に、小規模のコミック専門店が厳しくなってしまった理由を分析してもらった。彼の見立てでは、理由は6つぐらいあるのではないかという。

ひとつが電子化の進展だ。その時点でコミックスの累計発行部数が1000万部を超えている『ゴールデンカムイ』(集英社）のようなコミックスは、書店にとっても大切な商品だ。だが、近年は紙版に電子書籍版が勝る勢いだという。リアル書店にとっては厳しい状況だ。しかも「無料である程度、スマホで読めるなら、なかなか本で買わなくなってしまう」という読者側の変化もある。マンガ雑誌は「壊滅的に売れなくなった」そうだ。

他方、電子化商品や量産商品とは異なる『スラムダンク』(同）の新装再編版のようなタイトルだと、マンガ専門店の出番となり、よく売れたという。

ふたつめが少子化と高齢化の影響だ。とりわけこの店がある地域は少子化が進んでいるという。子どものお客が減り、一方で高齢化が進むも、その高齢のお客のなかでも徐々にマンガの購読から離脱してしまう人が出ているという。古くから「ハーレークイーン」のコミックシリーズをすべて購入していたお客が体調を崩し、来店自体が困難になってしまうという出来事もあった。

元店長は「新しい層の開拓がうまくいかなかった」と語る。

3つめがコミックレンタルやマンガ喫茶との競合だ。とりわけ巻数の長いタイトルに影響が出ていたという。近隣にあったTSUTAYAが撤退してコミックレンタルがなくなると、多少売上げが回復したこともあったそうだ。

4つめが古書店の影響だったという。古書店の入り口あたり、もっとも目立つ位置にある「100円コーナー」などの均一棚に置かれるようなコミックスは、コミック専門店では「もう売れない」そうだ。

他店との差別化がうまくいかなかったというのが、5つめの理由だった。アニメイトのような大型のチェーン店の場合、ドラマCDのような独自のグッズを提供してお客に訴求するも、小さな専門店では到底無理だという。売れ筋の同人誌を扱おうと考えたこともあるものの、次々と出てくる商品の発掘に手が回らない。商品コードとなるバーコードを独自に貼付するのもままならない。サイン本の販売は効果があったが、作家の負担を考えると頻繁《ひんぱん》に依頼するのは、はばかられた。それでも「展示会やイベントをもっとやるべきだったかも」と振り返る。

また、放火事件で多くの死者を出した京都アニメーションも、マンガ作品やBL系の文庫を同人誌として流通させ、その一部は大手コミック専門店の専売品になっていたそうだ。アキバ系の書店ならなくてはならない商品だという。ただ、自店のお客の好みとは少し異なり、かつ買切だったこともあって、手を伸ばさなかったとのことだった。

とはいえ、自店向けの商品なら買切でもいとわず仕入れていたという。売れ残れば自腹を切って購入したこともあるそうだ。

「全部委託商品だけで並べると、店内がしょぼくなる。返せるものばかりの安全圏の商品だけになると品揃えも甘くなるんですよ」

最後の6つめは、取次の店売（書店向けに現物を並べた仕入れ窓口）の休止と

コミック専門店の成年コミックの棚

コミックスの販売に定評のあった太洋社の廃業など、出版流通の変化がボディーブローのように効いたことだ。店売では、売れ筋商品の争奪戦に負けても、「すごく売れているときの『Vジャンプ』のコミックスなら、店売に行けば3冊だけでも手に入るとか、行けばそれなりに仕入れられるものがありました。店売がなくなり、直接仕入れにいかなくなった結果、売れ筋の品切れ期間が長くなってしまうこともあった」という。頼りにしていた太洋社が破産申請をしたのは２０１６年３月のことだった。

紙から電子への移行が進む

売上高は最盛期の半分以下になっていたという。一時は、売上げを増やすよりも返品を増やして、少しでも取次からの請求を減らそうとしたことがあったものの、「焼け石に水だった」という。改装や備品に充てる資金もなかなか捻出《ねんしゅつ》できなかったそうだ。

「売れている時に、次のことを考えないといけなかった。その間に、ブックオフやアマゾン、レンタルコミックなどが出現した。人手を減らすと、ルーチンの作業だけで精一杯になってしまいました」

営業最終日、閉店後も常連客ら20人ほどが残り、静かに名残を惜しんでくれたという。元店長は本店に戻り、コミック以外のジャンルを担当する。本店のコミック売り場は別の担当者が耕してきた棚であり、成人向けは置かないという。元店長が案じるのは、いままで付いていたお客がどうなるかだ。

「成年コミックマーク付きのコミックやBLを扱っている書店は、近所にほとんどありませんでした。アマゾンでもマーク付きは扱っていません。いつも買いに来ていただいたお客さまには、本店になくても取り寄せができますと案内しつつ、ターミナル駅近くにある大手のコミック専門店の店舗も紹介しているのですが、そこまでして買いに行こうという気持ちにはならないようです」

地域のマンガ専門店の役割が終わったわけではないと思いたいけれど、コミック市場は紙から徐々に電子に移行している。ところが、紙に親しんできた読者のなかには、電子書籍に乗り切れず、難民化しそうな人もけっこういるのかもしれない。どうすればいいのか、答えは見つからない……。

（月刊『創』２０１９年11月号の記事を改稿）

2018年閉店のその後

閉店した幸福書房 元店主が語った「その後」

作家の林真理子さんが行きつけだったことでも知られていた幸福書房が、多くの人に惜しまれながら2018年閉店した。今はブックカフェを営む元店主の岩楯幸雄さんが、閉店に至った事情を率直に語った。

岩楯幸雄【幸福書房元店主】
長岡義幸【インディペンデント記者】

幸福書房が閉店して今は幸福茶房

幸福書房は2018年2月20日まで、東京・代々木上原の駅ビルから南口に出てすぐの一等地で営業していた。売場面積20坪ほどの小さな書店だったけれども、人文書やノンフィクションなどを中心に、取引取次のトーハンや神田村取次（東京・神田神保町界隈にある小規模の専門取次の総称）の店売（書店向けに書籍の現物を並べた仕入れ窓口）などで見染《みそ》めて仕入れた硬めの書籍を棚に2冊ずつ並べたり、近所に住む作家の林真理子さんのコーナーを充実させたり、本好きを唸《うな》らせる品揃えに定評があった。

営業していた当時、店主の岩楯幸雄さんはこんなふうに語っていた。

「神田村は現金払いなので、多くの点数は仕入れられませんし、高額の本だと1冊ずつになってしまいます。この部分の選書は、スパイスみたいなものです。本好きのお客さまがいい本が揃っているね、目配りがいいねといってくれるのは、たぶんそういうところにあるのでは…」

「街の本屋が少なくなったので、うちみたいな昔ならどこにでもあった本屋に注目が集まるようになってしまったんですね。仕入れをちゃんとやっていなかったら、すぐに潰《つぶ》れていたかもしれません」

「幸福書房」の看板は昔のまま。元店主の岩楯幸雄さん

林真理子さんの著書は、お客の購入後に預かり、林さんのサインをもらってから、後日、店頭で手渡すか郵送するというサービスが評判になり、各地から林ファンが訪れるようになるなど、全国区の知名度を誇っていた。林さん自身も幸福書房の利用客として立ち寄っていた。

だが、雑誌の売れ行きの落ち込みが幸福書房を直撃した。一般的な街の本屋は売り上げの8割から9割を雑誌販売に頼るのが一般的ながら、幸福書房の場合は雑誌6対書籍4の売上比率だった。ところが、全体の売り上げが落ち込むなか、経営を下支えしてきた雑誌の売れ部数が急減し、雑誌4対書籍6の比率に逆転してしまった。雑誌の売り上げがあったからこそ書籍売り場を充実させることができたにもかかわらず、毎号80冊を売っていた女性誌が5冊になるなど、雑誌の不振による影響は甚大だった。

トドメを刺したのは、取次の店売がなくなったことだ。トーハン本社内にあった店売は２０１８年3月に休止し、日本出版販売の水道橋の店売もすでにない。神田村取次も廃業が続く。実物を見ながら仕入れをする機会が減ってしまったのだ。

幸福書房の閉店後、岩楯さんは創業の地の東京・豊島区南長崎にブックカフェ「幸福茶房」を開店した。自宅の車庫として使っていた場所だ。１９７7年に開店し、80年に出店した代々木上原店と並行して19年ほど営業していた旧店舗の跡でもある。

一歩店内に足を踏み入れると、代々木上原の旧店舗の半分もないこぢんまりとした広さだった。昔はこれほど小さな書店でも成り立っていたのだなあと内心、感慨を覚えていると、迎え入れてくれた岩楯さんは、心の声を察したのか「こんなにちっちゃな店だったんですよ。よくこれで本屋ができていたなあと思います」と言った。

幸福書房の閉店の経緯と現在について、元店長の岩楯さんに話を聞いた。

閉店までの5年間は本当に大変だった

岩楯　正直、いまは精神的に楽になりました。書店をやっていた時は朝8時に開店して、夜の11時に閉めていました。朝から夜中まで働きたくないですよね。その上、元日にも店を開けて365日営業。レジでお客さんと笑いながら話をしていても、取次への支払いを考えると、心の中は嵐のようでした。

余裕を持って支払いのできる、持ち物件の本屋さんはいいですよね。うちは家賃だけで40万円でしたから。

売り上げが足らず、月末、取次に請求額通りに代金を支払えなければ、翌月の２日には「売り上げを持ってこい」と催促され、それでも払えなければその後も矢のような催促が続いてしまう。そんな日々が終わり、岩楯さんは心の安定を取り戻した。

岩楯　本屋を40年やりました。30年間は儲かったんですよ。大変だったのは残りの10年。日商40万円の売り上げが30万円になり、25万円になりました。もう底だろうと思ったら、さらに落ち込み、最後の5年は本当に大変でした。

　最盛期には代々木上原駅前にもう１店舗展開していた。２店舗合わせて年商２億円に届きそうなぐらいの売れ行きだった。岩楯さんは、日々の売り上げを見ながら「毎日、軽自動車が１台買えるほどの売り上げだね」と、一緒に店を切り盛りしていた弟の岩楯敏夫さんと語り合ったそうだ。だが、１店舗だけになっていた２０１１年ごろには年商１億円ほどとなり、閉店を決める直近の売上高はその半分近くに減少していた。月商にすると６００万円を下回り、日商は20万円を切っていた。

　出版物の粗利益は定価の２割強。５００万円の売上げなら粗利は１００万円ほどになる。ここから家賃や光熱費、雑費などを差し引くと人件費に使えるのは40万円足らず。岩楯さん夫婦と敏夫さん夫婦の報酬はそれぞれ20万円で、ひとりあたりにすると10万円にしかならなかった。以前は岩楯さんの息子さんらが働いていたものの、給料が捻出できなくなり、別の仕事に就いてもらうことで急場をしのいだのだという。

岩楯　次男が午後6時に出勤して夜中の1時に店を閉めるまで仕事をしていました。でも、5年前に、給料が出せなくなったと話しました。彼はずっと夜に仕事をしていたので、夜間の仕事を見つけてくれました。本屋時代以上の給料で、ボーナスもある。息子にとっては良かったのかもしれません。息子が辞めてから11時閉店に早めました。

　同時に、いざという時のための対策も取っていた。店舗の賃貸契約は５年更新だったものの、２０１６年の更改時、家主と相談して２年半に短縮してもらっていた。このぐらいのスパンで様子を見ながら書店を続けていく心づもりだった。

林真理子さんも援助を申し出てくれた

岩楯　林真理子さんがいなかったら、もっと早くにやめていたと思います。林さんの本は何万冊と売らせてもらいましたから。

　最後の２年半、ひいきにしてくださったお客さんがアマゾンのページをプリントアウトしてこの本を下さいと買いに来てくれるようになりました。本はネットで探して、でも購入は幸福書房でというわけですね。店頭でなくアマゾンで本を探すというのにはちょっと微妙な気持ちになりましたが、購入はうちの店でというのは、本屋を大事に思い、残そうとしてくれたからでしょうね。最後はそういうお客さんに支えられていたんです。

　とはいっても、続けるにはどこかから

惜しまれながら閉店

借金するしかなくなっていました。２０１７年の秋ごろ、潮時だと思い、18年に入ってから閉店するとお客さまにお知らせしました。閉店直前にはよく売れ、毎日２００万円の売上げになりましたね。自分の本も２５００部売れました。取次に預けていた保証金もすぐに戻ってきて、ソフトランディングすることができました。もしなあなあで借金をしながら本屋を続けていたら、大変なことになったと思います。

岩楯さんの本というのは、左右社刊の『幸福書房の四十年　ピカピカの本屋でなくちゃ！』（本体価格１２５０円）だ。左右社の小柳学社長に声をかけてもらい、書店の日々を書き下ろした。左右社によると、全国の小書店からも多くの注文が舞い込んだという。

保証金とは、正式には取引信認金という。取次との取引開始時、支払いが滞ったりしたときの危機管理のために、一定額を取次が預かるという慣行だ。店舗が自己物件であれば担保として差し出すかたちでもいい。数年前までは月商見込みの３カ月分ほどを預けるのが通例だった（その後、もっと低額になったようだ）。ただ、岩楯さんが書店をはじめた40年前はもっと少ない額だったという。

他方、書店を残す方策もいろいろ考えたと振り返る。

岩楯　具体的に検討したわけではないのですが、クラウドファンディングで資金集めをすれば協力するよと言ってくれた人もいました。でも、その時にはお金が入っても、一時しのぎですよね。林真理子さんからは、お金を出すから続けなさいと言ってもらえました。私がやらなくても、今まで通りの店として残せるかもしれないと思いました。テナントのオーナーは乗り気だったのですが、次に入居するところが決まっていて、その会社にお願いしてもだめでした。

店舗の賃貸契約を終了する場合は６カ月前に通知することになっていた。大家との間で更新しないと決めてから周囲に閉店を知らせたのは契約満了の３カ月前ごろだった。駅前一等地だからだろう、幸福書房閉店後に賃貸契約を結んだ会社の意思は固く、存続の可能性は絶たれたわけだ。

岩楯さんは、閉店後しばらくは休養期間に充て、その後、幸福書房創業の地である豊島区南長崎でブックカフェを開こうと考えていた。近所には手塚治虫らが暮らしたトキワ荘の跡があり、２０２０年に開館した「豊島区立トキワ荘マンガミュージアム」を間近にした立地だ。

岩楯　閉店して1カ月、2カ月は、これだけ働いてきたんだからもういいだろうと思いました。でも3カ月、4カ月が過ぎるとイライラしてきて……。ありあまるお金があればまた本屋を開きたいという気持ちになったり……。

林真理子さんの本は今でもコーナーを

ブックカフェは2018年10月に開店し、「幸福茶房」という店名にした。ただし、表の看板はかつての「幸福書房」のまま。テーブルや椅子もリサイクル店で購入したり、使い古しを譲ってもらったりして揃えた。

コーヒーなどの飲み物を提供しつつ、店頭ではお客さんから引き取った古書や幸福書房で販売したものの返品できずにショタレ（不良在庫）になってしまった本も販売する。かつての新刊書であるショタレ本は、定価の4分の1の価格にしているそうだ。棚には買切を基本にする岩波書店やみすず書房、本の雑誌社などの本が並んでいた。

林真理子さんの新刊の書籍も継続して販売中だ。幸福書房時代から付き合いのあった神田村取次の八木書店で仕入れているという。以前のように、お客が購入した後に林さんにサインをしてもらい、お客に送り届けるというサービスも継続する。いわば書棚1本分の新刊書店と言っていい。

岩楯　本屋時代は朝から深夜まで営業していましたが、カフェの営業時間は10時半から19時。14時から16時の間は閉じています。1日1万円の売上げがあればいいと思っているんです。借金もなければ家賃も払わなくていい。出費は水道代と電気代ぐらい。そうすると300円のコーヒー2杯で経費分になり、3杯目からは儲けになっちゃうんですよ。

本を売って300円を儲けるのは本当に大変でした。台風で1日店を閉めただけで売上げに影響した。本屋をやっていた時、最後の2年半、こういうことばかり考えながらの生活だったんです。

岩楯さんは、取次の店売で出会った同業者10人ほどと「朝一会」という集まりを持っていた。その仲間の店も次々と閉店した。岩楯さんが書店を続けられたのは、子どもが独立し、給料を削ったからと言う。岩楯さんは最後に、書店時代をこう振り返った。

岩楯　結婚して子どもができ、そろそろ家がほしい。子どもが大きくなったから建て替えようとか。弟も建売住宅を買ったり。大儲けをしたわけではありません。それぞれの給料でコツコツと。

でも、我々はいい時代を過ごしたのかなとは思います。

幸福書房は、自分で仕入れた本を並べていたというのが特色だったでしょうか。こだわり抜いた品揃えというより、あの人なら落語の本は全部買ってくれるとか、あの人はデザイン書が好きだとか、お客さまが次にこの本を読みたいだろうと思った本を並べていきました。

毎日レジに立ち、お客さんと話し、お買い上げいただいた本を見ていたからこそできたことでした。

（幸福茶房：東京都豊島区南長崎3-3-6、電話03-3952-2049）

（月刊『創』2019年11月号の記事を一部更新して改稿）

第3章

増加しつつある独立系書店

東京・吉祥寺のクレヨンハウス

既存の出版流通と異なる独立系書店が増えている

篠田博之【月刊『創』編集長】

街の書店が次々と姿を消してゆく一方で、既存の大手取次を経由せずに仕入れを行う独立系書店が増えているという。この動きは何を意味しているのか。書店現場を訪ねて話を聞いた。

街の書店が消えてゆく一方で独立系書店が増加

街の書店がどんどん消えてゆく一方で、この何年か注目されているのは、「独立系書店」と呼ばれる個性的な書店が増えていることだ。出版界の統計に含まれないことも多く、全貌は把握できていない。

狭義には、大手取次を通さずに仕入れを行う書店を独立系書店と呼ぶこともあるが、出版社との直取引を行いながら一方で大手取次からも仕入れを行うケースもある。小さな個人書店が多く、仕入れについては様々なケースがあって、明確に線引きするのも難しい。

独立系書店の場合、ベストセラー本やコミック、また雑誌もほとんど置かないというところが多い。これまでのように取次が実績などをもとに配本のパターンを決め、委託販売の出版物を送本していく、いわゆる「見計らい配本」を拒否して、自分の置きたい本、売りたい本を選んで棚に揃えてゆくというやり方だ。

戦後の書店・出版界の成長を支えてきたのは、大量の委託配本を行い、返本を見込みながら本を流通させていくというやり方だ。無駄もあったが全国隅々まで本を行き渡らせるのには役に立った。そうしたやり方が、景気動向に左右されずに一貫して右肩上がりだった戦後の出版界を支えてきたのは確かだ。

最近増えている独立系書店は、そういう流通システムとは別のところから広がりつつある。例えば後で紹介するRead-in' Writin' BOOKSTOREの落合博店主は、こう語っていた。

「仕入れの基準は、まず自分が面白いと思う本ですね。思うんですが、こういう小売りの業界で、売り手が自分の商品を選ばずに商品が一方的に送られてくるというのはどうなんでしょうか。売り手が売りたいものを見つけて仕入れるというのは当たり前じゃないですか」

クレヨンハウス内のオーガニックレストラン「広場」

落合さんは新聞記者を辞めて書店を興したという経歴の方だが、この考え方はある意味で正論だ。巨大な流通システムが当たり前になっていた出版界で、忘れられていたかもしれない原点を示してくれるのが独立系書店だ。

だから既存の流通システムが思うようにいかない状況の一方で、そうした独立系書店が増えているのは、象徴的な動きと言ってもよいのかもしれない。もちろんビジネスの規模からいえば、独立系書店の売り上げはそう大きくないし、書店界全体に影響を及ぼすことにはなっていない。ただこうした出版流通をめぐる新しい動きについては、注目して見ておく必要があるような気もする。以下、それらの幾つかのケースを紹介しよう。

クレヨンハウスが表参道から吉祥寺へ移転

２０２２年11月から12月にかけて、落合恵子さんが主宰するクレヨンハウスが表参道から吉祥寺に移転したことが話題になった。クレヨンハウスといえば、独自の仕入れを行い、関連組織「子どもの文化普及協会」では児童書を中心に本の卸しも行っている。

既存の仕組みと違ったやり方で本の仕入れや販売を行っているという点で、クレヨンハウスは独立系書店の先駆的存在だ。移転前後を含め、何度か訪れて話を聞いた。

クレヨンハウスが表参道の店を閉めた２０２２年11月23日という最終日に、その表参道の店舗を訪れた。多くのファンが訪れて店は大賑わいだったが、入り口のボードにはそういうファンたちがメッセージを貼り付けていた。多くの人が感謝の言葉と新しい出発を祝う言葉を書きつけていた。

多忙の落合恵子さんを訪ね、地下のレストランでコーヒーを飲みながら話を聞いた。話をしている間にも、何人かの女性がそのテーブルに寄ってきて、本にサインを求めたり、お礼の言葉を述べる。ある女性は、子どもが小さい頃によくクレヨンハウスに通っていたと言い、きょうは大きくなった子どもと一緒に店を訪れたと語った。

街の書店が消えていく際にも、閉店日には多くの客が訪れ、店員にお礼を述べる光景が一般的だ。単に本を買っていたというだけでなく、街の本屋さんというのは、そこに通っていた人にとっては思い出の場所でもある。特にクレヨンハウスは、子どもの本を中心に独自の品ぞろえで、読者と触れ合う場も作られていたから、多くの人にとって思い出の場だったはずだ。

本を売るだけでなく、クレヨンハウスは野菜などのオーガニックフーズも販売し、オーガニックレストランは「広場」という名称だ。表参道の店は地下から3階までフロアがあり、たくさんの品物があった。訪れた子どもが喜ぶような人形なども様々な場に置かれていた。

落合さんはその日、こんな話をしてくれた。

「クレヨンハウスは子どもの本からスタートし、今もメインはそうなのですが、私たちは『子どもからスタートする本』と言っています。子どもの本といっても、私の年齢が読んでも面白いんです。同じくフェミニズムの本も『女性からスタートする本』ですね」

クレヨンハウスの開業は1976年。50年近く続いているというのは大変なことだが、経営は安定しているのだろうか。

「経営はいつだって大変ですよ。本は基本的に買い切りですから返本できず、スタッフが読んでからどの本を仕入れるか決めています。だから大変なのですが、でも大変だけど面白い。

46年前に始めたのは、本が好きだったというそれだけです。でも始めようとしてみると、取次との交渉が大変でした。保証金を用意しなくてはいけないというわけです。だから結局、違う形で仕入れをしようと考えました。一度仕入れた本は返本しなくてよいから今までとは違う卸しをしたい。最初は大手取次がどう思うか不安になりましたが、本の数も二転三転しながらかなり増えていきました」

そうして1984年に「子どもの文化普及協会」を設立するのだが、ホームページで設立の趣旨がこう書かれている。

《はじめは、子どもの本を売りたくても、規模が小さいために、出版の取次から取り引きされない子どもの本の専門店を対象にスタートしました。》

《子どもの本は、将来の読者を育成するためにも、出版界がもっと真剣に考えなければなりません。しかし、出生率の低下を理由に軽視されがちです。

また子どもの本は、ベストセラーよりロングセラーの世界です。子どもたちが読み継いできた本を、さらに読み継いでいくものです。残念ながらいま、新刊に重きを置く現在の出版流通からはみ出してしまっています。》

既存の出版流通に対する意見も含めてなかなか深いメッセージだ。

2022年12月18日にグランドオープンした吉祥寺の新しいお店は、表参道よりも少しスペースは小さくなるが、本の棚揃えなど、以前とほぼ変わらない。レストランの運営や野菜の販売も続けられている。

吉祥寺は、落合さんが小さい頃、井の頭公園をよく訪れた思い出の街だという。

クレヨンハウスの独特の品揃え

この新しいお店でクレヨンハウスの新しいステージが始まったわけだ。

　そのグランドオープンの日に、吉祥寺の店舗を訪ねた。当然だが、この日も落合さんは大忙し。武蔵野市長も自ら挨拶に訪れていた。

本だけでなくおもちゃや野菜も仕入れ

　２０２４年4月、本書刊行を前に、改めてクレヨンハウスを訪れ、本とおもちゃの仕入れを統括している鏡鉄平さんに話を聞いた。

　クレヨンハウスは前述したように、書籍のほかにおもちゃや野菜も仕入れ、販売するだけでなく、レストランも営むという独特のお店だ。食品については仕入れたものを保育園などに卸すということもやっているという。

「本の仕入れは同じグループ内の『子どもの文化普及協会』からが約9割を占めます。ここはいわゆる取次で、クレヨンハウスだけでなくいろいろな小売りに本を卸しているのですが、基本的に返品不可となっています。だからどういう本を仕入れるかについてはよく考えなければいけません。そのほか新刊を日販から仕入れており、出版社と直取引のケースもあります。

　棚についてはテーマを決めて本を置いていますが、そのほか季節感を出すために、例えば母の日とか入園入学の時期にそれに合わせた本を揃えます。２０２３年からは11月より地下の売り場でクリスマスマーケットと銘打っていますが、クリスマス絵本やクリスマスツリー、カレンダーなどを販売しています。クリスマスが終わってからはそこに節句人形などを揃え、現在は絵本グッズの売り場ができました」

　本とおもちゃを主に販売している2階にはコミック売り場はないが、コミックを置かないということではないという。

「例えば童心社から出ている手塚治虫のショートストーリーを平和とか人間というテーマごとに集めたコミックスは置いています。また子どもの未来社の『手塚マンガで憲法九条を読む』なども販売しています」(鏡さん)

　トークイベントも毎月、大体第３土曜日に行っている。

「『子どもの本の学校』という名称で行っていますが、今は第33期、33年目になります。講師には、絵本作家や詩人、歌手の方が来ることもあれば、イラストレーターとか保育者の方が来ることもあります。２０２０年からはオンラインでも見られるようになり、北海道や沖縄、あと韓国、台湾やアメリカから参加される方もいます。

それと別に『朝の教室』という名称で、社会問題をテーマにした講演会もやっています。講師は政治学者、大学教授、社会活動家や研究者だったりします。こちらもオンラインで参加できます」(同)

イベントの会場は地下の売り場だ。書棚にキャスターがついて移動させるのかと思ったら「キャスターはついてないので持ちあげて移動させています(笑)」とのことだ。

前述したように子どもの文化普及協会からの仕入れは返本不可だし、選書は重要な作業だ。

「児童書の新刊は毎月100冊から150冊くらい出版されますが、日販から仕入れるものは返本もします。絵本については新刊会議というのを開いて全部に目を通して、どの本を置くか決めていきます。そういう手順を踏むので、仕入れは発売日からはタイムラグが生じることもあります」(同)

表参道から吉祥寺に移転して1年余たったが、客層は変わったのだろうか。特にクレヨンハウスは熱いファンが多いだけに、移転の影響は小さくなかったかもしれない。

「今は、平日のお客さんは、地元の方とか三鷹市、武蔵野市、練馬区、新宿区辺りの方が多いですね。ただお休みの日や春休みなどには遠方から足を運んでくださる方も多いです。表参道で46年間やってきたので、それまで通いなれた方には少し遠くなったかもしれません。でも吉祥寺は独立系書店を含めると本屋さんも多いし、面白いものがたくさんある街だと思います。引っ越しは大変でしたが、私たちもお店づくりを1年以上やってきて、面白さがわかってきた感じです」(同)

店内で販売したりレストランで提供している食品も独自の仕入れを行っている。し、おもちゃもスイスやドイツなど海外から輸入したものも少なくない。50年近く続けてきた蓄積で仕入れルートもある程度確立しているとはいえ、大変な作業であることは確かだ。ただ、そんなふうに自分たちで選んで仕入れていくということ自体がある意味で〝やりがい〟につながるのかもしれない。

仕入の基準は「まず自分が面白いと思う本」

2022年11月15日、台東区の書店Readin' Writin' BOOKSTOREを訪れて落合博さんに話を聞いた。

この書店についてはは本書P88で個性的な書店として紹介されているが、独立系書店の典型と言える特徴を備えているので、改めて取りあげることにしよう。

新聞記者をやめて本屋さんになった経緯については落合さんの著書『新聞記者、本屋になる』に詳しいのだが、始めてから数年を経て、最初は200冊だった本が、5400冊になっているという。

「仕入れは原則として子ども文化普及協会と八木書店ですね。それで7~8割になります。あと一部、出版社と直取引もあります。基本は買い切りで返本はありません」

既存の出版流通は、基本的に委託販売制度で、売れ残った本は返本できる。そ

Readin, Writin, BOOKSTORE

れができないのはある意味、リスクも負うわけだ。

「だから仕入れの基準は、まず自分が面白いと思う本ですね。なおかつお客さんが買ってくれるんじゃないかと僕が勝手に考えた本です」(落合さん)

買い切りというのは厳しいのではないかと訊くと、こう答えてくれた。

「でも、売り手が売りたいものを見つけて仕入れるというのは当たり前じゃないですか。よく文学賞を受賞した本を、本屋さんがどーんと仕入れて店に並べるという話があるでしょう。でもうちでそれをやっても意味ないし、そういう書店のミニチュアを作るつもりはありません」(同)

カウンターの中に黙って座っているだけではつまらないからと、イベントをいろいろ開催しているのも特徴だ。中2階のスペースを使って毎月第一日曜日には短歌教室を開催。また「個人の方が自分の蔵書を売る古本市も月に1回開いている」という。

そのほかいろいろな人を招いてトークイベントを開催している。「イベントの後、打ち上げに行って、そこからいろいろな人とのつながりができます。イベントの告知は自分のツイッター（現・X）でやっていますが、そのほかゲストのツイッターや、取り上げる本を出した出版社もツイートしてくれます」(同)

本の仕入れもそうだが、関心あるテーマでイベントを行うのも自分の楽しみだという。また3カ月ごとにフェアをやっており、フェアに並べる本は委託だという。

委託販売制度というのが出版界の成長を支えてきたのは事実だが、こんなふうに個人が自分で仕入れを行い、買い切りで運営していくひとり書店が増えている現実も考えてみるべき事柄ではある。

決算は毎年8月だが、2022年の決算は前年に本を出したことや、それを見て訪れてくれた人もいて、過去最高の利益を出したという。「もうこれがピークかもしれませんが」。落合さんは笑いながらそう言った。

書店をやっていて良かった「Title」の個性

荻窪駅から徒歩10分ほどの街中にある書店「Title」を訪ねたのは2023年の夏の暑い時期だった。涼しい時期なら歩いていくのにちょうど良い距離だが、その時は全身汗まみれになった。

店主の辻山良雄さんがリブロ池袋本店を退職して2016年にオープンさせたこのお店はとてもおしゃれな佇《たたず》まいだ。辻山さんが丹精込めて作ったことがよくわかる。辻山さんが開店1年後に上梓し

「Title」店主の辻山良雄さん

書店「Title」店内。書棚の奥にカフェがある

た『本屋、はじめました』はよく読まれ、今はいろいろな場で本についての話や書評を書く活動でも知られている。

お店の奥には、奥さんが運営しているカフェがある。買った本を、コーヒーでも飲みながらそこで読むのもよいし、カフェを目当てに訪れる客もいるという。

「置いている本の8割は取次経由で、あとの2割は出版社との直取引です。取次から仕入れるのは置ける本のバラエティが増えるから良いのですが、直取引の方が掛け率が良いので、そちらも大事にしています。

親しい版元は前もって新刊情報をくれるので、新刊は揃えるようにしています。ただコミックや雑誌はほぼ置いていないし、ベストセラーを並べるという感覚はないですね。好きな人へ向けて好きな本を届けたい。私と妻が生きていけるくらいの売り上げがあればよいし、細々とやっていこうと思っています。

ただ世の中に本の情報を伝えたいとは考えているし、それは書店を経営している責任でもあると思っています」

ＳＮＳを積極的に活用しているのがＴｉｔｌｅの特徴だ。Ｘ（旧ツイッター）に「毎日のほん」という新刊情報をはじめ、入荷した本などは毎日、ＳＮＳで紹介しているという。

「今はみんな、ＳＮＳを見ている時代ですからね」

ＳＮＳの活用というのは、小さな書店にとって大きな武器かもしれない。置いている本はウェブショップで買うこともできるシステムになっており、コロナ禍以降、その売り上げは伸びているという。

書店界全体が冬の時代を迎えている現実は把握はしているが、自分の書店は考え方が違うのであまり気にならないという。

「少子化が続いていますし、書店の数が減っていく現実は変わらないかもしれません。残っていく書店は専門店化が進むとか言われていますね。ただ私の店は、マスを相手にするという感覚は最初からないですから。むしろＴｉｔｌｅを知って遠方からわざわざ来てくれる方などもいるし、本が好きな人がまだこんなにいるんだという感覚の方が強いですね。お

個性的な「本屋 B&B」の店内

客さんとの1対1のコミュニケーションも自然にできているし、カフェに来てくれる人も含めて、ぎすぎすしがちな社会で自分に戻れる場所を提供できればと思っています。書店をやっていて良かったと思うこともよくありますね」

イベントや店内での展示などほぼ毎月、いろいろな企画を考えて実施している。カフェとギャラリーを含め、トータルで書店を運営していくという考え方だ。そういう機会を通じてお客とのコミュニケーションを保っていくのも楽しみのひとつのようだ。

“本とビールを片手に”「本屋B&B」の独自性

２０２３年10月、下北沢にあるユニークな書店「本屋B&B」を訪ねて伊藤淳店長に話を聞いた。

既に一度、ジャニーズ性加害問題のイベントに参加するために訪れていたが、この書店は、ほぼ毎晩、イベントを行っているのが大きな特徴だ。夕方6時半頃までは書店だが、その後、キャスターのついた棚を移動させて7時半からイベントを行う。ちなみに店名の「B&B」とはブックとビール。ビールなどのドリンクを飲みながらイベントに参加するのだが、飲み物のカウンターは昼間も営業しており、「本も買えるしドリンクも飲めます」というのがコンセプトだ。

「書籍販売で得られる利益は低く、本屋というのは薄利じゃないですか。それを継続的に運営していく施策としてイベントをほぼ毎日やっています。本とイベントで売り上げは半々ですが、イベントは利益率が高いのです。直接参加できるのは50~60人ですが、オンラインで配信もしており、イベント関連の本をオンラインでも買えるので、1回のイベントで本が１００冊以上売れることもあります」(伊藤店長)

取次経由で本を仕入れるほか、出版社や著者個人と直取引も行っている。新刊も注文品もスタッフが何を何冊仕入れるか決めているという。本屋B&Bは既に10年以上、そういうやり方を続けてきたため、ここなら置いてくれるのではないかと、自費出版の本を持ち込んでくる人も少なくないという。直取引の場合、返本不可の買い切りで仕入れることもある。

「事前予約ができない本は発売後に注文することになりますが、ただ新刊情報は書店にとって生命線だと思っており、私は休みの日に大型書店を見に行ったりもしています。もちろん出版社からも新刊情報を得ています。取次が送ってくる本を並べるというやり方でなく、書籍の棚も、著者別とかジャンル別に本を並べるのでなく、『食』とか『旅』といったテーマを決めてそれに沿った本を小説も実用書も問わず揃えていくというやり方です。

各書籍ジャンルの担当スタッフが、どの本を置くかという選書をしています。直取引の本を置いていることが認知されているので、この本はB&Bなら置いているのではないかと問い合わせてくる人も少なくないですね」(同)

ここで語られたスタッフのほかに、イベントの企画・運営については本屋B&Bの関連会社、博報堂ケトルのスタッフが関わっている。

本屋B&Bは、下北沢駅から遊歩道でつながる再開発地域に2020年にできた「BONUS TRACK」という商業施設の一角にあり、その区域全体で20〜30代を対象にしたイベントなども頻繁に行われている。ほぼ毎日、イベントを開催するという同書店もそういう環境にあっているといえるが、それゆえコロナ禍の影響は深刻だったという。

「コロナ禍をはさんでいろいろなことが変わりました。配信もハイブリッドにして強化しました。一時の自粛ムードの時は大変でしたが、現在はありがたいことですが大分、回復しています」(同)

経営を安定させるという意味ではまだやるべきことはいろいろあるとのことだ。

書店とカフェとギャラリーと

2024年4月、都内神楽坂駅を上がってすぐの書店「かもめブックス」を訪れ、店長の宮崎麻紀さんらに話を聞いた。新潮社のすぐ近くなので取材の帰りに立ち寄ることはあったが、話を伺うのは初めてだ。

仕入れは日販から行っているという意味では、狭義の独立系書店とは異なるかもしれないが、店内にカフェを設けていたり、以前はギャラリーもあった。棚の作り方や店内の雰囲気が、独立系書店のイメージに近い。開店して約10年というから、むしろ独立系書店の先駆的存在だったと言えるかもしれない。店の外側にはコーヒーを飲みながら読書ができるゆったりとしたテーブル席も置かれている。

もともと鷗来堂《おうらいどう》という校正校閲の会社がオープンした書店だ。鷗来堂は今もすぐ近くにあるが、その社長の柳下恭平さんがホームページに熱いメッセージを残している。かもめブックスがあった場所には以前、別の書店があったのだが、その書店が閉店したのを機に出店を思いついたという。

《神楽坂駅の矢来口には、半世紀ものあいだ地元に愛された本屋がありました。しかし、去る4月、初旬の頃。シャッターに貼られた手書きのお知らせによって、突然、その本屋が閉店するという事実を知ることになりました。

寂しいことですし、それによって困惑もしました。「町の本屋がなくなっていく」という話は、タイムラインにもよく見るトピックで、すでにニュースにもなりません。出版にこの身をおきながら、自分もどこか、このことに鈍感になっていたような気がします。

ゆったりとした雰囲気のかもめブックス店頭

いくらいい本を作っても、読者に届かなければ、やがて僕らは本を作ることだってできなくなってしまうんじゃないだろうか。自分の町から本屋がなくなるという現実が目の前で起きたとき、情けないことですが、ようやくそんなことを考えるようになったのです。》

そういう思いから自ら書店を始めるというのがすごいところだ。その開店時に、運営を行う社員として入社したのが店長の宮崎さんと、仕入れや棚のテーマ選定を担当している前田隆紀さんだという。今はそのほか、アルバイトのスタッフもいるし、カフェについては別のスタッフもいるそうだ。

棚揃えの特徴について宮崎店長に伺った。

「一番特徴的なのは、文芸書といった分け方でなく、棚ごとに『言葉と言葉が出会うとき』『小さな声に耳を澄ませば』といったテーマを設けていることでしょうか。それと別に3週間ごとに店頭で特集というのをやっています。特集の選書は私たち2人にバイトも含めて4人で決めています」

取次が一方的に本を選んで送ってくるという「見計らい」配本はほとんどない。ただコミックスや週刊誌などの棚はあるし、3代続く駅前の書店ということで、通りかかって買っていく客のために、基本的な新刊は揃えている。毎月の新刊情報から書店側が選んで発注しているのだという。

「一般の街の書店に求められる需要もありますし、それと独立系書店の要素とをかけ合わせているという感じですね。在庫は開店当初は2～3000点でしたが、今は2万点を超えているのではないでしょうか」(宮崎店長)

前田さんがこう語る。

「仕入れは新刊中心ですが、テーマごとの棚に置くために補充として発注しているのは既刊が多いですね」

コロナ禍の前はギャラリーで展示も行ったし、イベントも開催した。カフェを運営していることもあって「食」に関するトークイベントが多かったという。

「カフェは、通常本屋に行かないような人たちにも立ち寄ってもらえるようにという思いから置いたのです。ただコーヒーを出すだけではなくて、コーヒーの美味しさも知ってもらいたいということで、力を入れています」(同)

新潮社のすぐ近くとはいえ、特に連携しているわけではない。ただ新潮社の本はやはりよく売れるという。

(月刊『創』2023年2月号、12月号、2024年6月号などの記事を改稿)

街の書店が減る一方で独立系書店の隆盛

長岡義幸【インディペンデント記者】

増えていると言われる独立系書店にはどういうものがあり、仕入れなどをどのようにしているのか。独立系書店および、取次や専門卸などの流通ルートについてまとめた。

街の本屋が次々と閉店・廃業する一方で、いわゆる「独立系書店」や「セレクト書店」が隆盛となっている。ただ、多様な流通ルートを利用して商品を入手しているので、店数など正確な実態はわからない。日本出版インフラセンター内にある書店マスタ管理センターが取次と取引する新刊書店を中心にしたデータベースを整備し、独立系書店も対象にするとしたものの、その多くは〝捕捉〟されていないようだ。

しかも、例えば「子どもの文化普及協会」を利用して新刊書を入手している事業者のなかには、絵本や児童書を置こうと考えた花屋やペットショップ、玩具店、洋品店等々、異業種も含まれているので、書店かどうかの線引きは難しくなりそうだ。

独立系書店の定義そのものも一定ではない。人によっては、大手総合取次以外の流通ルートを利用して商品を調達している書店のみを指す場合があれば、大手取次と取引しながらも見計らい配本を受けず、自主仕入れを基本にして独自の選書で棚をつくるセレクト色の強い書店を含める場合もある。なかには法人化していない単独の街の本屋まで拡張して独立系書店と呼ぶ人までいる。

大取次と取引しつつ自主仕入れを基本にする書店の典型は、福岡市のブックスキューブリック、東京・荻窪の本屋Ｔｉｔｌｅ、東京・下北沢の本屋Ｂ＆Ｂ、福島・南相馬市小高のフルハウスなどが有名どころだ。精神世界書に特化した東

模索舎の入り口（左）と棚

京・南青山のブッククラブ回は、1989年に栗田出版販売（当時）の帳合店（取引店）として出発している。

もうひとつの類型である、大取次を利用せずに書店を開業した嚆矢《こうし》は、東京・新宿の模索舎だろう。1970年に開店し、ミニコミ（自主流通出版）・少流通出版物を中心にしつつ、出版社とも直取引して新刊書を販売してきた。創業50年を超え、自主流通本を主力にする書店としてはすでに老舗格だ。「オルタナティブな書店」を標榜する東京・西荻窪のナワ・プラサードも、1977年に開店した前身のプラサード書店時代を含めて50年近い歴史となり、出版社との直取引などで商品を調達してきた。

両店とも、いわば力技で商品を仕入れてきたと言っていい。

独立系書店のニューウェーブは十数年前から始まった。これらの書店の話を聞くと、子どもの文化普及協会や八木書店ほかと取引し、さらに複数の流通ルートを組み合わせるのが一般的になっているようだ。

出版社からの直接の仕入れもいっそう敷居が低くなってきたようだ。

熊本市にあるmychairbooks（マイチェアブックス）の店主は、地元百貨店のバイヤーだった。勤めていた百貨店が営業を停止することになり、次にどういう仕事をしようかと考えながら出版関係の本を読みあさった。その結果、書店を開業しようと決意することになる。

だが、取次には相談しなかった。バイヤー時代、仕入れたい商品があれば直接メーカーと交渉していた経験から、出版業界でも出版社と直取引ができるだろうと考えたからだ。メールで仕入れ交渉をしたところ、ほとんどの出版社が応じてくれたという。手間はかかるものの、意外なことに新刊書店未経験の人からの依頼でも直取引を厭《いと》わない出版社がかなりの割合で存在していたわけだ。

その後、マイチェアブックスは、専門の流通業者も利用しつつ、同人誌や「ZINE（ジン）」など趣味性の強い商品を扱うミニ書店として発展している。

このように、様々な営業形態や仕入れルートがあり、定義の難しい独立系書店だけれど、典型的な書店をいくつか挙げてみたい。

●模索舎

前述したように、模索舎は独立系書店という言葉もなかったころに開業した老舗格だ。トーハン・日販などに取引口座を持たず、一般の流通ルートに乗らない出版物（自主流通出版物）を主に扱っている。出版部数や商売としての発行物か否かといった要素は考慮せず、発行者が商品を持ち込めばすべてを取り扱うというスタンスを続ける。店主の意思を反映したセレクト書店とは対極の、唯一無二の書店といっていい。同時に、一般の出版社との直取引も並行する。

私が福島に暮らしていた40年以上前、上京したら覗いてみたいと思っていた書店がいくつかあった。プラサード書店（現ナワ・プラサード）、ウニタ書舗（閉店）、そして模索舎だった。

はじめて模索舎を訪れたとき、所狭しと並べられたミニコミ類に圧倒された。政治党派の機関紙や市民団体のニュースなど政治や社会問題を扱う媒体とともに、原稿をコピーしてホチキスで留めただけのマンガ誌や全ページ手書きの個人誌など、ほかではなかなか目に触れる機会のなさそうな、ちょっと変なミニコミ誌に引き込まれた。単行本はといえば、人文・社会科学系、あるいはルポルタージュものが大半で、これはこれでほしい本ばかりだった。

ミニコミを販売してもらう側としても模索舎とつきあった。毎月100部納入し、当時、模索舎の代表だった五味正彦さんから売り切れたという連絡をもらい追加で持ち込んだりするうちに、一般のミニコミのランキングで販売部数1位の常連になっていた。価格が100円だったので、ついで買いしやすかったからだろうけれど。

模索舎の創業は1970年になる。表現・言論活動の多様性を保障する流通ルートの一翼を担うため、取次を媒介する流通ルートとは異なる〝もうひとつの〟流通をめざす書店として立ち上がった。扱い商品は、主に自主流通出版物（ミニコミ）だ。冊子様のミニコミだけでなく、絵はがきやバッヂ、Tシャツなどのグッズ類、CDやカセットなども並ぶ。持ち込まれたものは原則、内容を問わず、無審査で販売するのが最大の特徴だ。

一方、単行本は、独自に選書し、すべて出版社と直取引している。文学作品は特別なことがなければ扱わない。模索舎の空気に合う社会問題やメジャーではない音楽書、一般の書店にないマニアックなマンガ、本郷界隈の中小出版社の本などが中心。ジャンル分けすれば、部落解放、人権、在日朝鮮・韓国人、天皇制、教育、環境、思想、哲学、音楽、芸術といった棚の構成になる。

取引条件は、ミニコミも単行本も正味70％の委託販売が基本。取引口座は、ミニコミ発行者、出版社合わせて数百にもなるという。売場面積は12坪ほどとこぢんまりとしているものの、背丈の高い書棚が所狭しと並び、最奥の売場の通路は人ひとりがやっと通れるほどしかない。バックヤードはなく、すべての商品を陳列しているから、店頭在庫はかなりの量になりそうだ。

模索舎で働く人は〝舎員〟と呼ぶ。経営者と従業員を兼ね、合同会社の形態を取りつつ、理念的には労働者協同組合（ワーカーズコープ）を志向しているという。

五味さんは亡くなり、創業者はもういない。こだわりの店にカリスマ書店員が

2021年9月、京都市に開店した「多士済済」

いるというわけでもない。運営は働いている全員で話し合って決めるのが伝統だ。ただ、店のカラーを大幅に変えてはいけないという不文律もあるという。

「これは置かなければ、とかやってしまうと、こだわりの店になってしまう。何でも置くのがうちのいい部分。人が勝手に持ってきたもので宇宙ができたようなものです」というのが舎員の榎本智至さんによる説明だった。「表現の自由」を具体的に実践する模索舎の店頭には、発見がある。ご無沙汰の人も初めての人も〝宇宙〟を見られるかもしれない。

●多士済済

閉店した三月書房（P116）にほど近い、京都・寺町通二条に「多士済済・in豊雅堂」という新刊書店が一粒万倍日と大安の重なった2021年9月28日に開店した。古美術品を扱っていた豊雅堂という店舗を改装した本屋だ。一般企業を定年退職した人が立ち上げた。

取引取次は日販になる。取次との取引開始にあたって、株式会社緑青界を設立し、店舗は緑青界として運営することにしたという。事実上の個人書店だ。

日販とは、旧知の書店の紹介を受けて取引口座の開設を相談し、見計らい配本なし、全点自社で注文するという条件で取引できることになったという。しかも、ほぼすべてがビジネス書と経済書だ。まさにセレクト書店だった。

多士済済の開業あいさつのチラシにはこう書かれている。

〈古くからの伝統を守りつつ、新しい芸術文化やビジネスが次々と生まれ出る京都。中でも落ち着いた雰囲気のある寺町通りの一角に、ささやかながら経済・ビジネス書の専門店を開業させていただきました。／多士済済・in豊雅堂では、その道の専門家にご協力いただいたオススメの書籍や、当店独自の観点でセレクトした新刊本を紹介する予定です。／起業・キャリアアップを志す学生・ビジネスパーソン、資産形成を検討されている多くの方々の一助になれば幸いです〉

その後、サイトを開設し、ネット通販も開始している。

●ふうせんかずら

店員のいない本屋「ふうせんかずら」は奈良市の近鉄奈良駅から数分のところにある。メインは棚貸しのかたちで出店者が古書や新刊を販売し、加えて「棚音文庫」を屋号にする元書店員が、運営母体と共同して新刊書籍をセレクトして販売するかたちだ。

中に入るには、事前にスマートフォンなどで名前や住所、電話番号などを登録してIDを発行してもらい、入り口で暗証番号を入力して扉を開けることになる。

店内では自由に棚を見て回ることができ、気に入った本があれば、タブレットに代金を入力し、カードリーダーを操作してクレジットカードや電子マネーで精算するシステムを取り入れた。

土日はID開放日と称して、利用登録をしていない人も入店が可能だ。出店者が順番に店番をして対応する。店内には40～50センチ×90センチの枠が30ほどあり、その1枠を2カ月有料で貸し出し、その期間中1回は店番に入ることになっているのだそうだ。出店者もお客とのふれあいの機会を得られ、好評だという。ちなみに、出店者から販売手数料は取らない。負担するのは棚代だけとなる。

訪問した日は開放日だった。奥のカウンターでもイベントを開いていたので、お客もひっきりなしにきていた。

運営するのは、人材教育を生業にする平田幸一さんが立ち上げた「有限会社ならがよい」だ。日本で初めての無人キャッシュレス書店として2018年に開店し、町家を改装した現在地には20年12月に移転した。出版業界関係者も注目し、小学館や文藝春秋など大手出版社に加え、大手取次の社員もしくみを知りたいとやってきたという。

「人件費を削るためだけで無人にしたのではありません。それでは引き算にしかならない。人の使い方を変え、別のところで創造性を発揮しようということです。私は本屋ではありませんでしたが、新たなアプローチをして本屋をアピールできるのではないかと考えました」と平田さんは事業化の意図を語る。

直営に近い形態を取る棚音文庫は、棚ふたつと平台で展開する。仕入れ先は子どもの文化普及協会をメインに、出版社との直取引や、なかには著者から直接仕入れるものもある。基本的にはすべて買い切った商品だ。棚音文庫の担当者は「一般の本屋では手に入れづらい本を入れている。返せないので、慎重に厳選しています」という。

店のテイストに合った趣味性の高い本だったり、ビジュアル書だったり、人文書寄りの読物だったり、本好き・本屋好きに訴求しそうなタイトルが並んでいた。

東京の地下鉄・溜池山王駅の構内に2023年9月26日、日販の肝いりで完全無人書店「**ほんたす　ためいけ　溜池山王メトロピア店**」が開業した。だが、独立系の「ふうせんかずら」が一歩先んじて無人書店のモデルを提示したかっこうだった。

ほかの注目書店も簡単に紹介する。

東京・本駒込の「**BOOKS青いカバ**」は、リブロで店長などを務めた人が17年1月に開業した新刊書と古書を併売する書店だ。物量としては古書が大半を占めるものの、定価販売ゆえ新刊書の売上高が屋台骨になっているようだ。店主は以前取材した際、「八木書店との取引では信認金なし、親身に相談にも乗ってくれる。八木書店がなかったら、今のような新刊の仕入れはできませんでした」と語っていたのが印象的であった。

「**本屋lighthouse**」は、畑のなかに自作の小屋を建ててはじまった書店だ。現在は小屋を本店として残しつつ、千葉・幕張のテナントに入居した。

東京・下北沢の**本屋B&B**は、本（BO

ＯＫ)を読みながらビール(beer)が飲めるというコンセプトの書店だ。トーハンと取引するも、自主仕入れを基本にする。

経営や店づくりの手法は、代表の内沼晋太郎さんの『これからの本屋読本』(ＮＨＫ出版)で余すことなく開陳されている。とりわけ印象的なのは〈「本屋」として店舗を構えるということは、そこではたらく自分が、知らない誰かにいつでも話しかけられる側の人間になる、ということでもある〉というフレーズだ。書店が人と人が介在する接客業であることを再認識した。Ｂ&Ｂには書店を成り立たせるためのノウハウと哲学があるといえそうだ。

独立系書店が仕入れに利用している小取次や専門卸などの流通ルートも概括する。ただし、ある時点での取引条件やしくみをまとめたものなので、変更になっている場合がある。詳細は直接各社に確認してほしい。

●八木書店などの神田村取次

東京を中心に、新刊書店のなかには、メインの取引取次から仕入れるばかりではなく、神保町界隈にある一群の小規模の専門取次や総合取次の〝神田村取次〟を活用しているところがかなりある。

入荷が少なかった売れ筋を探したり、自店向きの商品を発掘したりするために店売(書店向けの現物販売用の売り場)をまわり、希望の出版物があれば現金で購入するという利用法が一般的だ。神田村取次は、もともとは大取次の番線(行き先の方面別に割り振るコード)を持っている書店であることを取引の前提にしていた。いわば主流を補完するルートのひとつとして頼りにされてきた存在だ。

ところが、いまふうの独立自営の小規模書店を取材をすると、神田村取次の八木書店(東京・神田小川町)などをメインの仕入れ先にしているという説明をよく聞くようになった。八木書店は、人文書系出版社を中心に３００社強の商品を取り扱い、そのうち60社余りを専売している取次である。

古書の通販をしていたある書店は店舗販売に乗り出したのを機に、新刊書の販売を手がけようと大手取次に相談した。しかし、取引には膨大な資金が必要だとわかり断念したものの、神田村取次の存在を知り、飛び込みでそのひとつに相談したところ、意気に感じた社長が取引を快諾してくれ、その後、八木書店とも取引を開始したということだった。

版元の営業部員のほか大手取次や大手書店の社員を経験した人が独立起業した書店も、大手取次に取引を申し込んだと思いきや、利用するなら八木書店のような小回りの利く小取次だと考えていたと話していた。

取次には、特定の取次の専売となっている出版社の商品などを取次どうしでやりとりする「仲間卸」というしくみがある。神田村取次を経由すれば、大手出版社も含めた出版市場を流通するほとんどの商品を入手できることになる。書店にとっては、商品の掛け率は多少割高になるものの、大手総合取次と直接、取引をしなくても神田村取次を通じてほしい本を仕入れられることになるのも大きなメリットだ。

●子どもの文化普及協会

子どもの本などを中心に扱うクレヨンハウスを母体にして1984年に創業した。絵本や児童書はもとより、実用書や一般書、さらにその周縁の玩具や雑貨、CD・DVDなどの商品も扱う書籍卸（取次）である。

児童書専門店の第1号は、1973年に開店した名古屋のメルヘンハウスとされている。クレヨンハウスはそれから3年後の76年、児童書や女性問題の出版物を主に販売する書店として立ち上がった。メルヘンハウスやクレヨンハウスの取り組みに刺激を受け、全国で児童書専門店の創業が続くことになる。だが、児童書専門店の勃興期には、扱い高が小さいため、大手取次とは直接、取引口座を開設できず、近隣の新刊書店を経由して商品を入手する店もあったようだ。

子どもの文化普及協会は商品確保に苦しんでいた小規模店も含めて、児童書専門店向けの流通業者として誕生した。子ども向けの図書を刊行する版元に働きかけ、出版社6社との取引から始まった。

2003年にはギフトショーに出展し、絵本や児童書を扱いたいと考えた花屋やペットショップ、玩具店、洋品店など異業種との取引も一気に増えたという。

24年4月現在、子どもの文化普及協会が取引する出版社は、児童書出版社はもとより一般書や人文書などの出版社を含む343社に及ぶ。基本的に買い切りで、書店に入荷時の掛け率は大手総合取次よりも低い。目利きを発揮すれば、一般の書店よりも大きな利幅を確保できる可能性がある。

●ホワイエ

大取次の旧大阪屋栗田（現・楽天ブックスネットワーク）が少額取引店向けの取引サービスとして立ち上げたのが「Foyer（ホワイエ）」だ。雑貨店やカフェなどの他業種が新たな商材として簡便に書籍販売に取り組めるよう、商品代以外の初期費用ゼロ（取引信認金なし）で卸売りする、大手取次による新たな出版流通のしくみとなった。

実際には、ホテルや地域住民の交流施設、家具・雑貨店、離島の民泊・食料品店、育児用品店などさまざまな業態の店や施設が利用しているという。いくつかの小売店から聞いた取引条件は、取次出し正味は80％強、1回の注文は数万円以上、送品時の送料はホワイエ持ち、返品時には小売店持ちなどが主な条件となる。

大手取次の事業だから、出版市場を流通するほとんどの出版社の商品を仕入れることができるのが最大のメリットだ。

●トランスビュー

人文系出版社のトランスビューの「直取引」が母体となり、新規起業出版社などが共同で書店と取引する販売システムを運用する。参加出版社は200社近い。取引条件は、出版社出し正味70％、出版社が送料負担で1冊から書店に直送、書店は送料を負担して返品可というもの。

取引条件には、小規模書店向け（独立系書店を含む）のコースと一般書店（零細以外）のコースの2通りある。大まかに整理すると、次のようになる。

▼小規模店向け：請求サイクルを1月から6月と7月から12月を計算期間とする年2回とし、締め日の翌月末払い。品物を移動させず、伝票上で返品を受け付け、同じ商品を次の計算期間に納品したかたちに振り替えることも可能
▼一般向け：初回納品分を「新刊委託」とし、3カ月後の月末締め、翌月末払い。追加発注分は当月末締め、翌月末払い。返品は随時可能

一般向けでは、一定の取引関係を経て、正味を70%から68%に変更する。出版社が自らの意思で掛け率を下げるのは画期的なことであった。

送品した図書が書店からトランスビューに返ってくる割合（返品率）は、10%台とかなり低い。書店が自らの判断で仕入れ部数を決め、取次経由よりも書店に有利な掛け率であることから、返品しないで最後まで売り続けようというインセンティブが働いているようだ。

Antenna Books & Cafe ココシバ（埼玉・川口市）という、トランスビュー扱いの出版社の商品のみを販売する書店もあった（24年5月に業態を変更）。

●スーパーデリバリー

ラクーンコマースの運営する卸・仕入れサイトが「スーパーデリバリー」。雑貨・アパレルを中心とした3000社以上のメーカーが国内外33万以上のバイヤー（セレクトショップや飲食店、美容サロンなどの事業者）に商品を卸販売できるプラットフォームだ。参加出版社は、世界文化社、河出書房新社、白泉社、日本文芸社、偕成社、大日本絵画、ブティック社、玄光社ほか多数にのぼる。

当初、出版物は、買い切りで正味70〜80%という条件で注文を受け、販売店に送っていたが、扱い量の増大とともに、掛け率を下げたことから、いっそう出版物の扱い高が増えていると数年前に聞いた。出版物をアクセントとして販売したい異業種の小売店がかなりあるようだ。

販売店に送るときの送料は出版社負担。代金はスーパーデリバリーが請求・回収を行い、出版社に支払う。ラクーンコマースの広報担当者は「書店という既存販路が減り続ける中、出版社は新しい販路開拓を行いたいと考えながらも営業の手間や決済リスクなどの理由によりそれが難しい状態でした。スーパーデリバリーは営業の手間やコスト、決済のリスクを解消し書店以外の新しい販路を効率的に開拓、そして販売ができるツールとして出版社に利用されています」と説明していた。

ほかにも、倒産した鈴木書店の元社員らが創業したジェイ・アール・シー（旧社名・人文・社会科学書流通センター）やツバメ出版流通という小取次もある。これらの流通ルートを利用すれば、大取次と取引しない、取引できないとしても、出版市場を流通する書籍の販売が可能になる。

縮小する出版業界にあっては、販売額で見るとさほどインパクトは大きくはないものの、本を売る仕事に携わりたいという人々にとっては、いい時代になったのは確かだ。

（「文化通信」『創』などに掲載した記事を改稿）

「わざわざ系本屋」の系譜

——多様化する本屋と、そこに注がれるまなざし（増補版）

どむか
【本屋さんウオッチャー】

最近の本屋さんについてユーザーの視点で思い浮かんだのが「わざわざ行く本屋さん」という切り口である。目的を持って行くという意味合いで、略して「わざわざ系本屋」と呼ぶことにしたい。

最近、本屋がメディアで取り上げられることが増えているように思う。出版業界全般としては「業界の縮小」「本屋の減少」「無書店自治体の増加」など、暗い話が多いが、一方で「独立書店」「ユニークな本屋」などについて取り上げられることは増えているように思う。『本の雑誌』2021年5月号の特集は「本屋がどんどん増えている！」であったし、「シェア型／棚貸し本屋」についての記事も新聞や雑誌でしばしば目にする。

本稿では最近の本屋の動きについて取り上げたいが、それらをどのような言葉で括《くく》るのが良いか、いつも悩んでしまう。「独立（系）書店」と呼ばれることが多いが、厳密な定義があるわけではない。文字通りに解釈するのなら店の規模にかかわらず、資本が独立しているということになるだろうが、それで一括りにしてしまうのは、それらの本屋を思い浮かべると、少々違和感が残る。

米国の「ABA（American Booksellers Association）」、台湾の「台湾独立書店文化協会」など、団体があれば加入の有無での定義が可能だが、そもそも個人書店の集まりである日本書店商業組合連合会にその種の本屋さんは加盟していないところが多い。「新業態の本屋」「ニューウェーブ本屋」「セレクト本屋」などとも呼ばれているが、どれもしっくりこない。

そういったなかで、ユーザーの視点で考えるのはどうかと思い、浮かんだのが

『本屋さんか』創刊号

「わざわざ行く本屋さん」という切り口である。日常に使う本屋さんが減っている現実はあるが、たとえ日常使いの本屋さんであっても、そこに意識的に行く場合もあるし、本を探しに、あるいは行くこと自体が目的となる場合もあるだろう。その思いを「わざわざ」という副詞に込めるのはどうだろうか。何らかの目的を持って行くという意味合いで「わざわざ行きたい本屋さん」という言葉で括ると、それらの本屋のイメージが浮かび上がるように思えるのだ。少々長いので本稿では略して「わざわざ系本屋」と呼ぶことにしたいと思う。

なお、「本屋」と「書店」はほぼ同義に使われているが、内沼晋太郎（以下、敬称略）が『これからの本屋読本』（ＮＨＫ出版）のなかで、「書店」はやや「空間」「場所」寄り、「本屋」はやや「人」寄りであると、「定有堂書店」の奈良敏行によるコメントを引いて、説明している。「わざわざ系本屋」は、「人」にスポットが当たることが多く、ゆえに本稿ではその例に倣って「本屋」のほうを使いたいと思う。

本との付き合い

本と本屋について個人的に振り返ると、小学生の時近所にあった、個人で子供向けに蔵書を開放していた家庭文庫のことが思い出される。毎週土曜日に自宅の一室を開放していたことから「土曜文庫」と名付けられ、読み聞かせや本の貸し出しを行っていた。そこに毎週通い、その部屋中の本を読み尽くし、お子さんの部屋からも本を借りて読むようになったので、小さい頃から本が好きだった、というよりも、この文庫に通うことで本が好きになっていった、というのが正しいかもしれない。その後、本屋で本を買う喜びを憶え、毎日のように本屋に通うようになっていった。

本格的に「本屋」に注目をし始めたのは、大学時代に「本屋をめぐる井戸端会議マガジン『本屋さんか』」を作り始めるようになってからである。今でいうＺＩＮＥだが、当時は「ミニコミ」とか「リトルマガジン」と呼ばれていた。「ミニコミ」のほうが一般的に使われていたが、やや自己満足的なニュアンスを含んでいたように思い、どちらかといえば「リトルマガジン」の方を好んで使っていた。本は好きだったが、読書家を名乗るほどの豊富な知識と記憶力は持ち合わせていなかった（小学校のころから読書量は多かったが、娯楽のための読書でいわゆる世界・日本の名作などには手が伸びていなかった）。本の周辺で興味のあったのが「本屋さん」であったわけだ。「本屋さんか」は、本屋への賛歌であり、参加する、という意味合いを持たせた。１９８４年８月に創刊号を発行したが、今日のように「本屋」が話題として取り上げられることは少なく、珍しがられ、メディアにも多く取り上げられた。本屋からも好意的に受け入れられ、最多で4000部ほどを発行、手分けして直接配本していた。テーマは本屋であるが、出版流通や書皮（本屋のカバー）、本屋のイベント、本屋のミニコミ、本の探し方から古本屋・図書館までを取材対象とした。11号と別冊『本屋さんのカバー読本』を出し休刊したが、通底していたのは「わざわざ本屋に行こう」という呼び掛けであった。今日では「わざわざ行きたい本屋さん」といった切り口の本も多く出ているが、筆者としては40年前から取り組んでいたテーマであったのだ。

大学卒業後は会社勤めをしているが、本屋好きは変わることがなく、「どむか」というペンネームで趣味の範囲でメールマガジンを発行したり、雑誌などへの寄稿を行ったりしている。「どむか」は、「本屋さんか」の編集後記「サロン・ド・むかむか」の略称「ド・むか」に由来する。「むかむか」は、編集長と発行人の名前む○○と、か○○○の頭文字を重ねた。時折、肩書を求められることがあり、本屋の動きを見続けているということで「本屋さんウオッチャー」を名乗ることにした。

本屋さんに注目

大学4年生になり、就職活動期間で定期的なアルバイトが難しくなった時期に『東京ブックマップ』（書籍情報社）で東京の特色のある本屋さんを取材したことも、現在の本屋さんウオッチャーとしての活動の土台になっている。本書は、当時特に地方から東京に出てきた学生にとって本を探すうえでバイブル的な存在であった。勉強するうえで、情報の入手は本や雑誌からしかなく、それらを探すうえで得意分野を持つ本屋さんを知っていなければならなかったのだ。東京で本を探すために「わざわざ」本屋さんに行かざるを得なかったのである。本屋の項の取材を担当した『東京ブックマップ'88』で、専門書店のカテゴリーと新刊書店数を見てみたい。

分類見出し（例えば「海外」「文化」「社会」「自然科学」の大項目の下に、例えば「海外」であれば「一般洋書店」「専門洋書店」「英語以外の洋書店」「中国関係」など「わざわざ行く」ための独自の小項目を設けた。当時は、ライフスタイル重視のセレクトショップ的な分類はなかった）と新刊書店の割合（新刊書店／新刊＋古書店）を見ていくと、「一般洋書（7／7）」「専門洋書店（11／17）」「英語以外の洋書店（8／8）」「中国関係（9／9）」「韓国関係（2／2）」「アジア関係（3／3）」「語学・言語学（1／2）」「岩波書店の本（1／3）」「映画・演劇（2／4）」「音楽（6／7）」「キリスト教（6／8）」「現代思想（3／3）」「古典芸能（3／6）」「コミックス（3／5）」「山岳（1／4）」「児童書・絵本（6／7）」「女性（1／1）」「書誌学・参考図書（1／1）」「書道（1／1）」「スポーツ（2／3）」「地図（5／5）」「地方出版物（1／1）」「美術（2／6）」「仏教（3／5）」「文学（2／11）」「文庫・新書（1／4）」「ホビー（3／7）」「ミステリー（1／1）」

「リサイクル本(1／1)」「料理(1／9)」「歴史・民俗・考古・地誌(0／8)」「深夜営業(4／4)」「社会科学(0／5)」「沖縄(0／1)」「教育(0／1)」「軍事(0／1)」「現代史(0／2)」「交通(2／2)」「社会活動(2／2)」「社会・共産主義(3／4)」「受験(1／1)」「証券(1／1)」「政府刊行物(2／2)」「法律(1／2)」「マスコミ(0／1)」「理工学(0／4)」「医学(5／7)」「気象(1／1)」「建築(1／3)」「生物・農林水産(2／4)」「電気(2／3)」となっている。これらのうちで「わざわざ系本屋」は分子にあたるが、今見返すとほとんどなくなっている。

『東京ブックマップ』

残っている本屋を幾つか挙げるとすると、「東方書店」「内山書店」(中国関係)、「教文館」(キリスト教)、「檜書店」(古典芸能)、「クレヨンハウス」(児童書・絵本)、「模索舎」(社会問題)などだろうか。「クレヨンハウス」は1976年、「模索舎」は1970年の開店。「クレヨンハウス」は2022年末に青山から吉祥寺に移転、2階が書籍売り場になっているが、当初から本のみならず雑貨売り場やレストランを併設していた。「子どもの本専門店」では、「メルヘンハウス」(1973年)、「メリーゴーランド」(1976年)もこの頃に創業している。「模索舎」は、ミニコミ(自主流通出版)、小流通出版物を扱っている。表現の自由を保障する場であることを理念に掲げており、原則的に無審査で納品を受けている。学生運動華やかなりし時には左翼系や共産党系の専門書店があり、88年時点では「ウニタ書店」があったり、地方小出版物では「書肆アクセス」があったりした。新しい本屋に注目が集まりがちだが、このような老舗の「わざわざ系本屋」にも注目しておきたい。

『東京ブックマップ』では専門書店だけではなく大型書店の特定フロアや特色のある棚を持つ一般的な本屋も上記カテゴリーの中で取り上げていた。章立ては(1)書店街マップ、(2)大書店ガイド、(3)専門書店ガイド、(4)大図書館ガイド、(5)専門図書館ガイドの5章構成であったが、(2)・(3)章で取り上げた本屋が、1988年時点の東京エリアにおける「わざわざ系本屋」であったのだ。

「本屋さんか」で取り上げた本屋

「本屋さんか」の特集で振り返ると2号(1984年11月)で「新宿ビル街の本屋さん」(「三省堂書店新宿西口店」「三省堂サウスブックポート」「新宿伊勢丹書籍売り場」「新宿三越書籍売り場」「ホテルセンチュリー内改造社書店」「東京ヒルトンインターナショナル改造社書店」「京王プラザ紀伊國屋書店」「野村ビル福家書店」「センタービル福家書店」「NSビル新星堂」「住友ビル紀伊國屋書店」)、3号(1985年2月)で「紀伊國屋書店新宿本店」(改装後のフロアごとの紹介)、4号（1985年6月）で「多摩書林始末記」「銀杏書房に聞く」、5号（1985年9月）で「お洒落な街の本屋さん」(青山「ON SUNDAYS」、六本木「誠志堂書店」「青山ブックセンター」「STORE DAYS」、原宿「Books ラフォーレ」「クレヨンハウス」「Books談」、渋谷「東急文化会館三省堂書店」「東急ハンズ寿楽洞書店」「童話屋」、成城「成城堂書店」「江崎書店」「吉田書店」「フジ書店」)、6号（1985年12月）で「ユニークな本屋さん」(「one love books」「プラサード書店」「木風舎」「book・inn」)、特集内で「わざわざ本屋に行こう」章あり。7号（1986年3月）で「本屋のミニコミ」(「文鳥堂書店」「代官山文鳥堂書店Page1」「青山ブックセンター」「Store Days」「江崎書店」「童話屋」「木風舎」「書店・話の特集」「ナンバブックセンター」「紀伊國屋書店」)、「郊外書店」、9号（1986年11月）で「じょうずな本屋の使い方」「芳賀書店」、10号（1987年6月）で「本屋のカバーの大特集」「本屋と喫茶店」、11号（1988年5月）で「深夜の本屋さん」(「青山ブックセンター」「文鳥堂赤坂店」「書原杉並店」「書楽」「ブックスサカイ深夜プラス1」「文悠」)など。登場する本屋は、ほとんどが「わざわざ系本屋」と呼ぶべき店であったが、それらへの社会的な注目度は決して高くはなかった。

シン「わざわざ系本屋」

最近の「わざわざ系本屋」を旧来の「わざわざ系本屋」と区別するためにシン「わざわざ系」とすると、そのターニングポイントは1990年~2000年頃ではないかと思われる。菊地敬一が個人商店として「ヴィレッジヴァンガード」を開店したのが1986年で、1998年に東京・下北沢に進出する。本と雑貨を境なく配置したスタイルは当時斬新だった。その後、フランチャイズで全国展開していったが、当時この独特さをフランチャイズ化できるとは想像もできなかった。「ブックオフ」の1号店は1990年。古本の値段を付けるには老舗の古本屋などで修行し、その後独立してお店を構えることが多かったが、「ブックオフ」はそれらをマニュアル化した。今までの商慣習を打ち破ったことが取り上げられるが、古本と新刊書の境界線を曖昧にしたことにこそ注目すべきだ。取次による流通が正常ルートと呼ばれているが、シン「わざわざ系本屋」では、新刊と古本を並べて販売していることが多いが、当時はご法度であった。

Amazonが日本でサービスを開始したのが2000年。本の買い方を変え、本屋に大きな影響を与えることになったが、「わざわざ系本屋」の視点で見ると、洋書、特に英米書を扱っていた本屋が価格競争に巻き込まれ、打撃を受けることとなった。

イベントからみる「わざわざ系本屋」

「わざわざ系本屋」に影響を与えたイベントとしては、「『本の学校』大山緑陰シンポジウム」と「新世紀書店」を先ず挙げておきたい。『「本の学校」大山緑陰シンポジウム』は「本の学校」の開校を目指し、1995年から99年までの5年間、「地域から描く21世紀への出版ビジョン」を総合テーマに鳥取・大山で2泊3日のシンポジウムが行われた。5年間の参加者は延べ2千人を超え、朝の読書、青空文庫、季刊「本とコンピュータ」創刊などを生み出した。同シンポジウムは「地方のユニークな本屋などにつながった」ことも成果の一つとして「本の学校」サイトの沿革の中で触れられている。「田村書店」に勤めていた安藤哲也が、このシンポジウム（第2回）に参加し、「定有堂書店」の奈良敏行の言葉に刺激を受けて「往来堂書店」を作った、と『本屋はサイコー!』（新潮OH!文庫）の中で述べている。

「新世紀書店」の記録は『新世紀書店　自分で作る本屋のカタチ』（北尾トロ・高野麻結子編著、ポット出版）にまとめられている。そのイントロでシン「わざわざ系本屋」の持つ雰囲気を実によく表現している部分があるので少々長いが章の前文を引いておきたい。

～「新世紀書店・仮店舗営業中、13日限定、理想の書店の作り方／雑談から始まったのだ。本が売れる売れないとか流通システムがどうだとか／新規開業の店の坪数はどれほどあるとかじゃなく書店そのもの、／本屋という空間、そこを流れる空気について考えるってことって／少なすぎないかという話題から、どんな書店がこれから登場するだろうかと盛り上がり、／多くの知恵を借りたい、知恵だけではなく経験や技術を持ち寄りたいと思うのは／自然なことで、気づけば総勢20名強のスタッフが集まって、新世紀プロジェクトなるものがスタートしていた。／雑談のボリュームはさらに大きくなりちょっと聞き取りにくくなっているかもしれない。／でも、スイッチを絞っていけばやがて小さな声にたどりつくはずだ。／だれかが言った最初のことば。／「本屋っておもしろいよね、そう思わない?」」～

シン「わざわざ系本屋」宣言ともいえる文章である。同イベントは2004年11月5日から17日まで渋谷パルコ　パート1地下の「ロゴスギャラリー」で開催された。展示内容は、ギャラリースペースの中に5つの書店「ブックショップ・イン・ブックショップ」を作り、新しい書店の提案を試みた。本だけでなく、グッズ制作、冊子制作、サイト管理などを含めてのプロジェクトで期間限定ではあるが「今回集まった書籍や家具、ひいてはテーマが訪れた人それぞれの記憶に留められれば理想です」と概要に書かれているが、まさにその精神を引き継いだのがシン「わざわざ系本屋」であるように思えるのだ。同イベントで筆者は「本」をテーマにしたグッズを展示した。

具体的に本屋になるために役立つ本として「リブロ」出身で「Title」店主である辻山良雄『本屋、はじめました』（苦楽堂）、内沼晋太郎『これからの本屋読本』（NHK出版）がその後に出たが、そこでは資金計画や仕入れ方法などが具体的に示されている。業界内では知られていたが、表立って語るのははばかられるような内容が、白日の下に晒されていったのである。

「本屋になるには」講座

一般向けの本屋の講座としては、記憶の範囲では池袋コミュニティ・カレッジで2004年4月〜8月に行われた「講座太陽　本屋さんの仕事」が最も早かったのではないだろうか。5回の連続講座で講師は「永江朗（フリーライター）×中山亜弓（タコシェ）×林香公子（ブックファースト渋谷店）」「江口宏志（ユトレヒト）×幅允孝（ブック・コーディネーター）」「安岡洋一（ハックネット）」「北尾トロ（ライター／杉並北尾堂）」×佐藤真砂（古書日月堂）」「堀部篤史（恵文社一乗寺店）」という組み合わせ。シン「わざわざ系本屋」の第1世代の出現が1990年頃から2000年頃とすると、当時注目を集めていた本屋の店主が多く登場していた、と言える。企画は編集者の平林享子で、本人もサイトを始めたタイミングで、注目を集める本屋さんの話を聞きたいというのが動機であったと同講座を書籍化した「太陽レクチャー・ブック　本屋さんの仕事」（平凡社）のあとがきで記している。「タコシェ」は1993年開店、「ユトレヒト」は2002年開店、「ハックネット」は1996年開店、「古書日月堂」は1996年開店。

本屋に関する講座が行われ始めた1990年代以降に開店した「シン・わざわざ系本屋」は、「蟲文庫」（1994年）、「ブックカフェ火星の庭」（2000年）、「ブックスキューブリック」（2001年）、「COW BOOKS」（2002年）、「ガケ書房」「Calo Bookshop&Cafe」（2004年）、「なタ書」「スタンダードブックストア」（2006年）、「SHIBUYA PUBLISHING & BOOKSELLERS」「6次元」「橙書店」（2008年）、「本は人生のおやつです」（2010年）、「代官山 蔦屋書店」（2011年）、「東京天狼院」（2013年）、「READAN DEAT」（2014年）、「ホホホ座浄土寺店」「誠光社」（2015年）、「本屋Title」（2016年）などがある。

2012年には京都芸術大学の芸術学舎で講座「いつか自分だけの本屋を持つのもいい」が開かれた。講師陣は、幅允孝（ブックコーディネーター）、江口宏志×中西孝之（スクー）、森岡督行（森岡書店）、三田修平（SPBS、BOOK TRUCK、BOOK STAND若葉台）、佐藤真砂。この講座は「続」として、2013年秋、2014年夏にも実施されて、内沼晋太郎、中村秀一（スノウショベリング）、山崎有邦（オヨヨ書林）、ナカムラクニオ（6次元）、宇田智子（市場の古本屋ウララ）、佐々木喜弘（れんが堂書店）、高橋和也（SUNNY BOY BOOKS）といった店主が登壇している。

2014年には横浜「BUKATSUDO」で内沼晋太郎が「これからの本屋講座」を、双子のライオン堂と和氣正幸が「本屋入門」をスタートさせて、その後も回数を重ねている。「Cat's Meow Books」（2017年）、「ワグテイルブックストア」（2020年）など、受講を通して本屋を始める人材を輩出している。

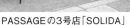

最近の「わざわざ系本屋」

最近の「わざわざ系」については、本屋を取り上げる雑誌の特集やムック・単行本が増えているのでウオッチしやすくなっている。本章では形態別に近年の流れを見ておきたい。近年の新規開店については、和氣正幸が運営するBOOKSHOP LOVERが独自の調査を行っている。それによると（同氏が把握している限りで）新たに開業した「独立本屋」（ここでの定義は、内沼晋太郎『本の逆襲』（朝日出版社）に出てくる広義の本屋＝新刊書店、古本屋、ひと箱本屋、ブックカフェ、図書室など本に関わる場所。公共図書館・チェーン店は除く）は、21年は79店、22年は56店、23年は１０６店となっている。

PASSAGEの3号店「SOLIDA」

シェア型本屋

冒頭でも触れたが、最近メディアに多く取り上げられているのは「シェア型本屋」である。棚を区分しそこを有料で貸し出し、棚主が選んだ本を並べ販売する。棚の賃料に加えて、販売手数料を徴収するケースが多い。一箱分のスペースで自前のセレクションで本を売る形態である「一箱古本市」の流れを汲んでいる、とする記述も目にするが、もともとハンドメイドやクラフトなどにボックス単位でスペースを貸し出し、販売代行を行う「ボックスショップ／レンタルボックス」などと呼ばれる業態があり、ビジネスモデル的には、その本屋版と考えるのが良いのではないだろうか。小規模なものでは、古本屋の一角に作家が本を持ち込むコーナーが設けられることはあった。筆者自身も、東京都・西荻窪のブックカフェの一角に屋号を付けて蔵書を並べて売っていたこともある。ゆえにルーツを特定するのは難しいが、「ブックマンション」（吉祥寺）、「BOOKSHOP TRAVELLER」（祖師谷）、「渋谷○○書店」（渋谷）、「PASSAGE by ALL REVIEWS」（神保町）、「猫の本棚」（同）、「糸島の顔がみえる本屋さん」（福岡県糸島）、「ほんまる」（神保町）などをよくメディアで目にする。

この中で特筆すべきは「PASSAGE」で、全ての本を単品管理し、売れるごとにすぐに棚主にそのメールが届く。販売はキャッシュレスで、店舗運営を含めシステム化を図っている。「PASSAGE bis!」「SOLIDA」も開店、多店舗展開やシステムの外部への提供も始めている。棚主同士の交流などに力を入れているところも多く、これをきっかけに本屋を始める人も出始めている。ある程度の棚主を集めることで、主宰者には安定した収入が見込めるので、今後もこの形態はリスクの少ないビジネスとして広がっていくであろうが、集客にあたっては付加価値を追加していくことが成功の鍵となるだろう。関連では、本棚スペースを有料で貸し出す「一箱」型図書館の「みんなの図書館さんかく沼津」などの例がある。

奈良の「ふうせんかずら」

無人本屋

無人営業の本屋としては、古くは成人雑誌の自動販売機があるが、店舗を持つ本屋では奈良の「ふうせんかずら」が先駆的な取り組みを行った。事前に登録し、ナンバーを鍵に打ち込み解錠し入店、キャッシュレスで決済する。棚ごとにオーナーがいるので、形態は「シェア型本屋」となる。東京・三鷹の「ＢＯＯＫ ＲＯＡＤ」は、カプセルトイ（ガチャガチャ）でお金を入れ、カプセルに入っている袋に本を入れて持ち帰る仕組み。共同制作者の中西功さんは、「ブックマンション」のオーナーで吉祥寺を中心にリソグラフ（デジタル孔版印刷機）の工房など複数の施設を運営、ＺＩＮＥや古本イベントなども手掛けている。

実験店舗では、小学館ＤＩＭＥ、丸善ジュンク堂書店、セキュアによる「ＡＩ ＳＴＯＲＥ ＬＡＢ『ＤＩＭＥ ＬＯＵＮＧＥ ＳＴＯＲＥ』」が新宿住友ビルに設けられた。事前の顔認証で入店、決済まで行われる。リアルタイムの在庫管理は重量と画像解析で行われ、売り上げサマリーや棚状況をリアルタイムで把握・分析する。トーハンは「山下書店世田谷店」で夜間の無人営業の実証実験を２０２３年3月20日にスタートさせた。Ｎｅｂｒａｓｋａの「ＭＵＪＩＮ書店」の仕組みを利用。ＬＩＮＥの友だち追加で登録、スマートフォンでＱＲコードを読み開錠、セルフ&キャッシュレスで会計を行う。

同年9月26日には東京メトロ溜池山王駅に無人店舗「ほんたす」がオープンした。日本出版販売と丹青社が連携した新事業で持続可能な書店モデル実現に向けた実証実験と位置づける。壁面のＱＲコードをスマホで読み込み、ＬＩＮＥで会員登録を行い入店、レジはスーパーの無人レジと同じようなバーコードのスキャン操作で決済する。ベンチャー企業Ｘ社の「ＶＲ書店」、「ニコニコカドカワ祭り」ではカドカワが角川武蔵野ミュージアム「本棚劇場」をＶＲで再現しての本の購入体験、ＤＮＰによる池袋のＶＲ空間には「バーチャルジュンク堂書店池袋本店」が出店。VR空間での棚展開は究極の無人書店と言えるかもしれない。

ホテル型本屋／ライブラリー

ホテル型では、「BOOK AND BED TOKYO」が「泊まれる本屋」をコンセプトに東京都・池袋に1号店をオープンし、その後店舗を拡大している。神保町では小学館が協力して「BOOK HOTEL神保町」が営業している。ブックホテル「箱根本箱」は取次大手の日販の保養所「あしかり」をリノベーションしたもので、館内に置かれている新刊、古書、洋書約1万2千冊はすべて購入可能である。24時間オープンの本屋とカフェを備えたホテル「ランプライトブックス」は「本の世界を旅するホテル」をコンセプトに、名古屋、札幌、福岡に展開している。

老舗旅館では3万冊の蔵書Library Loungeを持つ「蓼科親湯温泉」の本棚が圧巻だった。出版社の社主や創業者が茅野市や諏訪市出身ということに因んで「みすずLounge&Bar」や「岩波文庫の回廊」を設けていることに加え、スイートルームの各部屋は縁のある10人の文人たちをイメージした設えとなっている。

溜池山王駅の無人店舗「ほんたす」

本業拡大型本屋

本業の商品やサービスに関連する本を並べる「本業拡張型」の本屋では、古くはカメラ量販店などが関連書籍も取り扱っていたが、近年は、2020年11月に「ブルーベリーアイ」の「わかさ生活」が本社近くの京都四条烏丸に健康やビジネスに関する本や漫画を扱う「わかさ生活書店」を作り、名古屋地区にも店舗を展開した。事務所の一角を本屋にした例では京都の大喜書店が先駆で、往時はビルの一室だったが、2018年に移転し路面店となった。出版社系では東京・北参道の「GA gallery Bookshop」(GA)、新代田のフェミニズム専門の「エトセトラブックス」(エトセトラブックス)、2022年には「週刊つりニュース」が運営する「SAKANA BOOKS」が開店した。本屋ではないが早川書房は「喫茶室・クリスティ」を2023年2月に「サロンクリスティ」にリニューアル。時間によって「PUBクリスティ」に、休業日には「執筆室クリスティ」として執筆や読書などに利用できるようにした。

元書店員による開業

書店経験者の開業では、あゆみBOOKSなどを経てコンサルティングや「ペブルスブックス」などを手掛けたフリーランス書店員の久禮亮太が2023年3月に西五反田に「フラヌール書店」を開いた。2022年9月には、「パン屋の本屋」「HMV&BOOKS HIBIYA COTTAGE」店長を歴任した花田菜々子が「蟹ブックス」を開業、クラウドファンディングや、小さすぎる看板が話題になった。「BOOKTRUCK」を運営している三田修平は、横浜・若葉台団地の本屋の跡地に「BOOK STAND若葉台」を開店。県住宅供給公社や住民有志が書店の誘致を模索する中で三田に声が

「SHARE LOUNGE」

掛かり、プロジェクトがスタートした。書店を交流拠点の一部として、国土交通省の補助金を活用したという。

元本屋の活用では、2020年に開店の横浜市妙蓮寺の「本屋・生活綴方」を取り上げておきたい。同店は児童書などを扱う「石堂書店」の分店「チャイルドイシドウ」だったが、「三輪舎」の中岡祐介らが中心となりZINEや詩集、エッセイなどを中心に1500冊を取りそろえる本屋にリノベーションした。ギャラリーや、リソグラフを備えた作業場があり、自らZINEの印刷・発行なども手掛ける。

有料・シェアオフィス併設本屋

有料・シェアオフィス型の本屋も増えているが、その先駆けとなったのは東京・六本木の「文喫」である。「青山ブックセンター」の跡地に2018年末に開店、約3万冊の本を揃え、入場料を払えばコーヒーが飲み放題、2021年には「文喫 福岡天神」、2024年には名古屋に370坪の「文喫 栄」もオープンさせた。本屋とシェアオフィスの融合では、TSUTAYAが「SHARE LOUNGE」ブランドで多店舗展開している。ラウンジが本屋に併設されているもので、2022年12月にオープンした「TSUTAYA BOOKSTORE MARUNOUCHI」では、ライブラリー部分の本は閲覧用で非売品となっていた。フリードリンク、フリースナックで、時間単位や月額で利用できる。

下北沢や恵比寿ガーデンプレイスなどでは「TSUTAYA BOOKSTORE MARUNOUCHI」と同様に当初からラウンジが設けられていたが、「代官山蔦屋書店」「二子玉川蔦屋家電」などでは改装でラウンジが追加された。「丸善丸の内本店」では2022年11月に「Personal Lounge丸善の三階」をかつてセミナー会場だったスペースにオープンさせた。ちなみに筆者は「『本屋』は入場料をとっては?」を「出版ニュース」1993年1月上中旬号に寄稿し、某書店に提案していたことを記

しておきたい。

おわりに

　全国の書店の総店舗数は１９８０年代後半をピークに下降をはじめた。アルメディアの調査（取次番線を有する書店、直取引、仲卸取次書店の一部、本部、営業所、大学売店などを含む）によると、２０００年に2万１６５４店だったが、２０２０年には1万１０２４店までに減っている。また、書籍・雑誌小売業の商店数のピークは１９８８年で2万８２１６店となっている。冒頭で『東京ブックマップ』１９８８年版を取り上げ当時の本屋の状況を記したが、その頃が最も書店数が多かった時期であった。書籍の売り上げのピークは１９９７年で1兆７６８５億円だったが、２０２０年には９９４３億円にまで縮小している。

　書籍・雑誌小売業の売場面積のピークは２００７年であった。書店数は減っていったが、大型店化が進み、売り上げのピークは後ろ倒しになったが、その後は店舗数・売り上げとも下降を続けている。出版・書店に関する統計についても、出版ニュース社の廃業により『出版ニュース』は２０１９年3月下旬号で休刊、『出版年鑑』も２０１８年版が最後となった。経済産業省の商業統計が２０２０年に廃止、アルメディアも休業するなど、数値の推移をみることが難しくなってきた。

　従来から店数の数え方も集計主体により異なっているが、今回取り上げた「わざわざ系本屋」は、それらの集計から漏れているケースが多い。今後も「わざわざ系本屋」が増えていくと、実態と統計数字に乖離が生まれていく可能性もある。

　今後の前向きな動きを一つ取り上げておくと、前述した安藤哲也などが「ブックストア・ソリューション・ジャパン（ＢＳＪ）」を２０２２年10月に立ち上げ、２０２３年2月に東京都からNPO法人認証を受けた。出版文化産業振興財団（ＪＰＩＣ）が２０２２年12月に全国1,７４１市町村のうち26・2％で書店がゼロになったとの衝撃的な調査結果を発表した。その発表を受けて、ＢＳＪは「当たり前のように本と出合える場所があってほしい」と願い、「無書店地域に『まちの本屋』の復活を」「まちづくりは人づくりから」「本は人を育み、本屋は人をつなぐ」をコンセプトに、商売として成立する本屋モデルの構築を掲げ、「まちづくり」の拠点機能を備えた「新しい本屋のかたち」を地元と共に作っていきたい、としている。「わざわざ系本屋」が個人や企業の事業であることに対し、本屋の地域性、公共性を考え、無書店地域をなくそうとする組織的な取り組みに注目していきたい。

　身近に本屋があってこそ「わざわざ系本屋」の存在価値も高まると思うからである。

＊本稿は国立国会図書館「カレントアウェアネス」№３５６（２０２３年6月20日）ＣＡ２０４３-動向レビュー「『わざわざ系本屋』の系譜—多様化する本屋と、そこに注がれる眼差し」(https://current.ndl.go.jp/ca2044）に大幅加筆修正したものである。書店情報は執筆時のもので、注は割愛した。

あとがき

曲り角を迎えた書店界は今後どうなるのか

篠田博之
『創』編集長

月刊『創《つくる》』が「街の書店が消えてゆく」という特集を最初に組んだのは2019年11月号だった。同じタイトルの特集はそれ以降、2023年12月号まで計3回掲載され、本書発売直前の2024年6月号には「書店苦境に新たな動き」という特集が掲載されている。またその間、大きな特集ではないが、書店をめぐる記事を何度も掲載してきた。その過去5年にわたる取り組みを1冊にまとめたのがこの本だ。

直近の『創』6月号の特集記事も本書に収録されているが、4月17日、経済産業大臣と書店関係者の車座ヒアリングが行われたり、27日には作家の今村翔吾さんが東京神田神保町にシェア型書店「ほんまる」を開店させた。書店をめぐる危機が深まっていることはこの何年か指摘されてきたが、本書刊行の2024年春は、それに対抗する動きもいろいろな場面で顕在化した、ひとつの節目と言える時期かもしれない。

本書に詳しいデータを掲載したが、書店が1軒もないという「無書店」自治体は全国に拡大する一方だ。無書店でないにしても1書店しかない自治体も増えているから、書店が消えてゆく状況は、今後もしばらく止まらないと言ってよいだろう。むしろ書店の危機は深刻さを加速していると言ってよい。

しかしその一方で、地方で自治体や地域住民が連携して書店を誘致する動きや、コンビニのローソンが店舗内に書店を併設するといった様々な取り組みも広がっている。書店が次々と消えてゆくことに対して市民が声をあげ、それに応える動きが出るといったことが各地に広がっているのだ。

これはある意味で、街の書店とはどういう存在なのかを改めて考える動きでもある。書店とは単にモノを売るだけの存在ではないし、市民が支えるという意識なくしては書店の存続は覚束ないという認識が、少しずつ広がりつつあるのだ。

問題はこれからそれがどうなっていくかということだ。

実は『創』が2回目の特集を組んだ2021年秋、編集部の

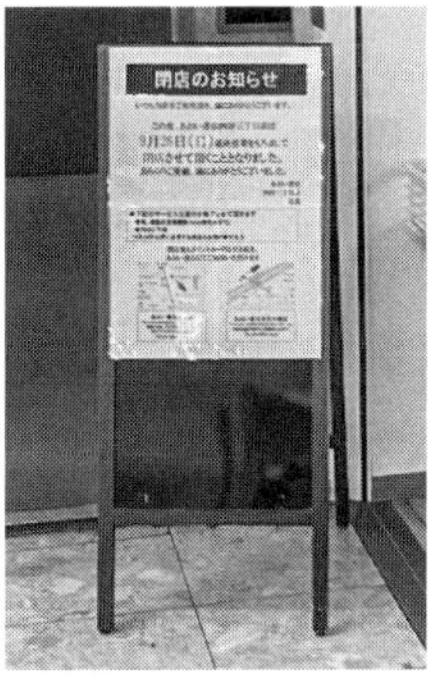

ある東京四谷周辺も「無書店」になってしまった。ＪＲ四ツ谷駅前にあった文鳥堂とあおい書店が閉店したのに続いて地下鉄四谷三丁目のあおい書店も閉店した(写真)。それによって四谷界隈に書店はなくなってしまったのだ。メディア批評誌である『創』にとって編集のために本や雑誌を買う書店が近くになくなってしまったというのは衝撃でもあった。東京でもあちこちの地区で駅周辺に書店が1軒もないところが増えつつある。

ちなみに四ツ谷駅前の文鳥堂書店は、新左翼党派の機関紙「解放」「前進」も売っていた、とてもユニークな書店だった。あおい書店四谷三丁目店は、映画などエンタメ系の雑誌が充実していて、棚を眺めるのが楽しみだった。そういう書店店頭に足を運ぶ楽しみは、ネット書店で本を買うという行為からは得られない。棚を眺めて新たな書籍や雑誌と触れ合う楽しみは、リアル書店ならではのものだ。

そういう機会がどんどん失われていくことで私たちは何を失うことになるのか。そのことを今は真剣に考えるべき時期に来ているのではないだろうか。

本書には、全国各地の街の書店や独立系書店などに足を運んで話を聞いたルポがたくさん収録されている。ちくさ正文館本店や那須ブックセンター、幸福書房など、閉店した書店にも話を聞いた。街の書店が次々となくなってゆく一方で、独立系書店がどんどん増えているという現実も、出版界・書店界が今、大きな曲がり角を迎えつつあることのひとつの現れだろう。

紙の雑誌が売れなくなり、『週刊文春』のような話題になっている雑誌でさえ部数が落ち込み続けているという状況と、書店がどんどん姿を消していることがつながっていることは明らかだ。この何年か、『創』編集部にも、「近くに書店がないのですが、どこで買えばよいのですか」という問い合わせが増えた。ネット書店が隆盛だとはいっても、近くに書店がなくなることで雑誌や書籍が簡単に入手できなくなっている人はとても多い。

本書は、こういう現実について改めて考え、書店の存在に思いを馳せ、私たちはどうすべきなのかを考えてみる、そのために刊行したものだ。このテーマについてこんなふうに正面から取り上げた本はこれまでなかった。そして本書刊行後も、今後事態がどうなるかは月刊『創』でフォローしていくつもりだ。ぜひ多くの読者の方々に、一緒に考え、議論していくことを提案したい。

最後に、本書の取材などでお世話になった方々に改めてお礼を申し上げたい。表紙のイラストは、現役の書店員でプロの漫画家でもある佐久間薫さんが描いてくれたものだ。ＢＯＯＫ ＭＥＥＴＳ ＮＥＸＴを推進するＪＰＩＣ（出版文化産業振興財団）には資料の提供など大変お世話になった。

【主な執筆者・発言者 プロフィール】

石井和之●日本書店商業組合連合会（日書連）理事・事務局長

松木修一●一般財団法人 出版文化産業振興財団（JPIC）専務理事

小川頼之●東京都書店商業組合連合会副理事長／小川書店社長

今村翔吾●『塞王の楯』で直木賞受賞のほか受賞歴多数。講演やテレビ・ラジオ出演も。「ほんまる」など３書店経営。近著『じんかん』『戦国武将を推理する』

篠田博之●月刊『創』編集長兼創出版代表。東京新聞で「週刊誌を読む」連載。著書『ドキュメント死刑囚増補版』『皇室タブー』『生涯編集者』他

福嶋聡●ジュンク堂書店難波店店長を経て現在はMARUZEN&ジュンク堂梅田店勤務。著書『劇場としての書店』『書店と民主主義』『明日、ぼくは店の棚からヘイト本を外せるだろうか』他。

清田義昭●『出版ニュース』元編集長。1967年出版ニュース社に入社。1991年より代表。『出版年鑑』『日本の出版社』など編集・発行。

長岡義幸●出版業界紙を経てフリーランスに。著書『「本を売る」という仕事～書店を歩く』『マンガはなぜ規制されるのか』他。

石橋毅史●出版業界紙を経てフリーランスに。著書『「本屋」は死なない』『本屋な日々 青春篇』『本屋がアジアをつなぐ 自由を支える者たち』他。

三宅玲子●オンラインメディアや雑誌・新聞に執筆。著書『真夜中の陽だまり―ルポ・夜間保育園』『本屋のない人生なんて』他。

どむか●本屋さんウォッチャー、『本屋さんか』元編集長。著書『本屋巡礼 本屋さんのカバー』他

佐久間薫●漫画家・書店員。著書『カバーいらないですよね』『本屋の堀ちゃん』『お家、見せてもらっていいですか？』

街の書店が消えてゆく

2024年5月30日　初版第1刷発行

月刊『創』編集部編

発行人……篠田博之
発行所……㈲創出版
〒160-0004 東京都新宿区四谷2-13-27 KC四谷ビル4F
電話　03-3225-1413　　FAX　03-3225-0898
http://www.tsukuru.co.jp
mail@tsukuru.co.jp

印刷所……モリモト印刷㈱
装　幀……井上則人（井上則人デザイン事務所）
装　画……佐久間 薫（漫画家・書店員）

ISBN 978-4-904795-80-4

定価はカバーに表示してあります。
落丁・乱丁はお取り替えいたします。

創出版の単行本

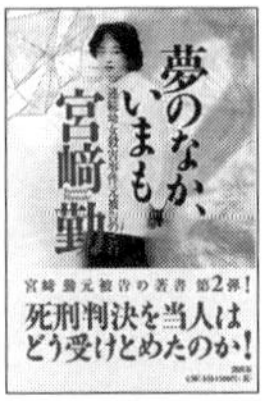

夢のなか／夢のなか、いまも。

宮﨑勤著　　定価1650円(本体1500円＋税)

死刑が確定し、2008年に執行された宮﨑勤元死刑囚と、約10年間にわたりやりとりした手紙をベースに、控訴審での事件の核心に踏み込んだ証言などを収録。『夢のなか』は1998年、『夢のなか、いまも。』は2006年に刊行された。

新・言論の覚悟

鈴木邦男　定価1650円(本体1500円＋税)

右翼の抗議に脅えて映画が中止になるといった事態に敢然と立ち向かっていく著者。著書にも住所と電話番号を明記して反論を受けて立つ覚悟を示す。危ないものを避けようとするメディアの自主規制についても鋭く批判。

和歌山カレー事件　獄中からの手紙

林眞須美／林健治／篠田博之／他著　定価1100円(本体1000円＋税)

1998年に日本中を震憾させた和歌山カレー事件。本書には林眞須美死刑囚の獄中生活など詳しい手記が掲載されている。カレー事件や死刑についての本人の心情や近況、獄中で感じている死刑への恐怖など、死刑囚の心情が率直に表明された内容だ。

生ける屍の結末　「黒子のバスケ」脅迫事件の全真相

渡邊博史　定価1650円(本体1500円＋税)

人気マンガ「黒子のバスケ」に対して約1年にわたって脅迫状が送られた事件。逮捕後明らかになったその背景に多くの人が慄然とした。脅迫犯が獄中でつづった事件の全真相と、格差、いじめ、虐待などの実態。ネットでも大反響。

同調圧力メディア

森 達也　定価1650円(本体1500円＋税)

『創』連載「極私的メディア論」をまとめたもの。「みんなが右に向かって歩いているのに、どうしてあなたは左に行こうとするのだ」という同調圧力が日本社会全体に高まっている。それを促進しているとして、マスメディアのあり方も俎上に載せる。

対決対談!「アイヌ論争」とヘイトスピーチ

小林よしのり×香山リカ　定価550円(本体500円＋税)

2014年夏の札幌市議の発言を機にヘイトスピーチの中でアイヌ攻撃が始まった。かつて「アイヌ民族は存在するのか」と疑問を呈した小林よしのりさんに対して香山リカさんが論戦を挑み激しく対立。その双方の応酬をブックレットにまとめた。

創出版　〒160-0004　東京都新宿区四谷2-13-27 KC四谷ビル4F　mail : mail@tsukuru.co.jp
TEL : 03-3225-1413　FAX : 03-3225-0898